DIREITOS HUMANOS EM PERSPECTIVA

Um olhar discente sobre o assunto

Luiza Catarina Sobreira de Souza

Organizadora

EDITORA MERAKI

S677   Sobreira de Souza, Luiza Catarina

Direitos Humanos em Perspectiva: um olhar discente sobre o assunto / Luiza Catarina Sobreira de Souza (Org.). Andradina: Meraki, 2020.

Bibliografia

ISBN 978-65-88781-07-4

1. Direitos Humanos. 2. Políticas Públicas 3. Direitos Civis

1. Título

CDU – 342.7   CDD – 341.481

SUMÁRIO

Prefácio...5
  João Paulo Rodovalho de Oliveira

Apresentação 7
  Luiza Catarina Sobreira de Souza

Direito à Educação e Políticas Públicas: um recorte sobre as falhas do ensino fundamental e médio no Estado de Pernambuco............9
  Jonas Rubens Pereira Callou e Karen Eduarda Sampaio Clementino

A educação como instrumento de transformação social para a pessoa com deficiência e as falhas do estado na promoção de um ensino inclusivo..24
  Angélica L. Gomes e Emanuel F. de Sá

Responsabilidade civil dos pais em casos de abandono efetivo do menor...40
  Erika de Sousa Lopes e Maria Cristina Martins do Nascimento

Abandono afetivo da pessoa idosa: da prática à responsabilização civil 56
  Letícia Cavalcante Sampaio Vieira e Zipora Inácio Lourenço da Silva

Exploração do trabalho infantil: fatores desencadeadores.............73
  Francisco Airam Gomes de Carvalho e Maria de Fátima Gomes de Carvalho

Escravidão moderna no brasil: uma violação aos direitos humanos 89
  Maria Eduarda Oliveira e Mercia Cysneiros de Vasconcelos Nunes

Pessoas em situação de rua e poder público: uma análise sobre a criminalização da população invisível.............................102
  Deborah dos Santos Silva e José Vieira de Lacerda Neto

O policiamento ostensivo à luz dos direitos humanos: o desamparo
ao sofrimento psíquico dos policiais militares 117
José Neves Grangeiro Neto e Jordana Queiroz Ramos

Transexualismo nas forças armadas: a inconstitucionalidade do
afastamento de militar transexual 128
Cynthia Alves Araújo Leite e Jean David Alves de Jesus Marcenes

A violação aos direitos humanos das gestantes e as consequências
geradas ao nascituro no sistema penitenciário brasileiro 146
Natália Lopes Machado e Yandra Kelle Lima Duarte

Criminalidade feminina sob o recorte de gênero: uma análise acerca
da não concessão da prisão domiciliar para a mulher que trafica 161
Iara Gabrielly Lemos Bezerra Silva e Maria Eduarda Pereira De Andrade

A ressocialização e inserção no mercado de trabalho de ex-detentos
negros 180
Cicera Itamires de Melo e Lilian Mireli da Silva Santos

PREFÁCIO

Esta obra nasce da coragem e da curiosidade de discentes de Direito, que se dispuseram a enfrentar o que muitos profissionais do mundo jurídico teimam em não encarar, o estudo dos Direitos Humanos. Capitaneados por uma genuína defensora da matéria, a Professora e Organizadora Luiza Catarina Sobreira De Souza, de quem sou fã declarado, os Autores demonstram que não é necessário deter a maturidade profissional para se falar sobre Direitos Humanos. Aliás, demonstram muito mais que isso. Demonstram com maestria de docentes que o estudo dos Direitos Humanos é algo saboroso e empolgante. Demonstram ainda resultados ricos de informações importantes para o mundo social, acadêmico e profissional.

A perspectiva dos Autores nos força a reflexões contemporâneas e futuras sobre como estamos lidando com a realidade dos direitos mais básicos de qualquer pessoa. A visão de vanguarda apresentada nesta obra é um verdadeiro "tapa de luva" naqueles que insistem em tratar os direitos humanos como algo abstrato, de base e distante. É a visão de quem faz o presente e já é o futuro. Temos aqui um verdadeiro convite a uma nova forma de entender, estudar e praticar a matéria.

Cada um dos doze estudos que são aqui apresentados colocam no leitor um ponto de reflexão e uma pitada de curiosidade sobre a temática. Os títulos de cada estudo já são, por si só, um convite à profunda reflexão sobre Direitos Humanos. Da gestação à velhice, da escravidão à invisibilidade, da prevenção à responsabilização, encontram-se aqui complexos enfrentamentos de realidades que são, infeliz e verdadeiramente, jogadas para debaixo do tapete social.

Uma impactante realidade é colocada em foco ao se demonstrarem algumas falhas na Educação brasileira. E, mesmo com essas falhas, nesta obra é defendido que a Educação ainda é um importante instrumento de inclusão social, especialmente para pessoas com deficiência. O afeto, e a sua ausência, também são tratados numa perspectiva que choca e adverte de que os tempos atuais têm tornado a afetividade cada vez mais necessitada de uma tutela estatal. Tutela que também é cada vez mais reclamada no trabalho, que nas suas piores vertentes transforma o ser humano em objeto de escravidão, de tráfico e de sofrimento psíquico.

A invisibilidade das pessoas em situação de rua e a renegada realidade do sistema prisional brasileiro também são alvos de duras críticas nesta obra, que também ousa em escancarar a ainda presente resistência social quanto ao enfrentamento das, já não tão novas, questões de gênero e de raça. Um olhar diferente e, muitas vezes empírico, é o que é encontrado nas páginas que se seguem. São perspectivas de quem convive ou conhece de perto as realidades apresentadas em cada problemática. É a visão de quem detém a autoridade, e buscou o conhecimento para ousar apresentar resultados que são postos a seguir.

João Paulo Rodovalho de Oliveira
Advogado, Professor e Coordenador
Acadêmico do Curso de Direito da
Faculdade de Ciências Humanas do
Sertão Central

APRESENTAÇÃO

No início de 2020 recebi o convite para ser professora da cadeira de Direitos Humanos da Faculdade de Ciências Humanas do Sertão Central – Fachusc. Na época, já ministrava a cadeira de Criminologia na instituição e aceitei de bom grado o referido convite, que englobava não apenas ensinar a teoria para os discentes, mas sobretudo a prática, sendo um dos requisitos avaliativos da matéria a construção de um artigo científico. Sendo assim, assumi duas turmas, o 5º A e o 5º B, que continham, no total, cerca de noventa alunos.

O desenvolvimento dessa obra não foi fácil, à princípio. Primeiro, porque os alunos não possuíam qualquer experiência em pesquisa científica; segundo, porque durante o processo de escrita fomos surpreendidos com a crise do coronavírus, que fez com que as aulas presenciais passassem a ser remotas. Isso terminou abalando psicologicamente todos os envolvidos, principalmente pelo ineditismo da situação, sendo necessária muita cautela para lidar com os problemas que surgiram em decorrência disso.

No entanto, apesar deles, consegui criar um vínculo muito especial com os alunos durante a escrita dos artigos. Pude acompanhar de perto o desenvolvimento de todos eles, tendo a preocupação de não apenas atribuir uma nota, mas, especialmente, analisar a estruturação, a fundamentação e as fontes utilizadas no trabalho, bem como corrigir as normas da ABNT e revisar a ortografia. Participei de todas as fases da construção desse livro, tendo muito orgulho do resultado alcançado pelos discentes.

Sendo assim, essa obra não é apenas fruto de um trabalho acadêmico, mas da superação pessoal de cada um dos seus autores. Isto é, a maior contribuição que ela deixa para a academia, que a diferencia de diversas outras obras escritas sobre a temática, é que a crise enfrentada pelo Brasil e pelo mundo, no ano de 2020, não foi capaz de impedir a produção científica, muito menos a disseminação do conhecimento. Pelo contrário, são em momentos como esse que o debate sobre os Direitos Humanos se faz mais necessário.

Esse livro, originalmente produto dos artigos escritos pelos discentes, foi dividido em doze capítulos, cada qual tratando de uma temática diferente. A diversidade de temas, assim como de escritas, revela um olhar incipiente, mas relevante sobre o assunto, demonstrando que discutir Direitos Humanos é um papel de todos, devendo ser cada vez mais incentivada a pesquisa acadêmica entre os alunos. A necessidade de escrever cientificamente é extremamente importante, principalmente para a formação de profissionais conscientes e éticos.

Portanto, é importante frisar que a construção dos capítulos desse livro está relacionada a vivência dos seus autores, que em algum momento da vida se depararam com situações que os fizeram questionar o papel do Estado, da sociedade e do próprio Direito na resolução das problemáticas apresentadas. Sendo assim, conclui-se que essa é exatamente a principal finalidade da pesquisa científica: que o pesquisador se disponha a problematizar a realidade na qual está inserido.

Luiza Catarina Sobreira de Souza
Professora Mestre da Faculdade de
Ciências Humanas do Sertão Central

Direito à Educação e Políticas Públicas: um recorte sobre as falhas do ensino fundamental e médio no Estado de Pernambuco

JONAS RUBENS PEREIRA CALLOU[1]
KAREN EDUARDA SAMPAIO CLEMENTINO[2]

1. Introdução

Nos últimos anos, tem-se falado muito acerca dos direitos necessários para o desenvolvimento dos jovens e adolescentes, dentre eles, a maior ênfase é no direito à educação, em face do aumento do número de desistentes e reprovados. Dados do Inep, de 2017, revelam que 12,9% e 12,7% dos alunos matriculados na primeira e segunda série do Ensino Médio, respectivamente, evadiram da escola entre os anos de 2014 e 2015. Considerando todas as séries do ensino médio, a evasão chega a 11,2% do total de alunos nessa etapa de ensino.

De um lado, há a falta de preparo dos professores, especialmente a utilização de métodos de ensino ultrapassados. De outro, há a reivindicação destes por salários dignos e por um maior investimento na escolar. Além disso, salienta-se que os próprios alunos provêm de uma estrutura familiar dificultosa, que poderiam de certo modo contribuir para o péssimo rendimento na escola. Analisando estas questões, surge o seguinte questionamento: de que modo a ausência de políticas públicas, voltadas para o fornecimento de uma melhor educação, afeta o direito à educação?

A importância de falar sobre esse tema surge da imensa quantidade de jovens e adolescentes que tem os seus direitos básicos descumpridos, isto é, que não têm os seus direitos garantidos e amparados pelo Estado, muito menos pela sociedade e pela família. Outro aspecto que motiva pesquisa é a questão da evasão escolar, que termina prejudicando a qualificação destes para o mercado de

---

[1] Graduando do Curso de Direito da Faculdade de Ciências Humanas do Sertão Central – Fachusc.
[2] Graduanda do Curso de Direito da Faculdade de Ciências Humanas do Sertão Central – Fachusc.

trabalho, prejudicando até mesmo o resto da sociedade, pois o menor pode ser levado para o mundo do crime, em busca de outra forma de sustento.

Desse modo, foi possível constatar, inicialmente, que a ausência de políticas públicas, que visem não só inserir como também integrar de forma acessível os alunos, bem como a falta de fiscalização dos recursos, e de como é realizada a execução dos serviços, prejudica o pleno acesso dos jovens e adolescentes ao direito à educação, repercutindo negativamente nas diversas áreas das suas vidas. Ou seja, fazendo com que estes abandonem os estudos e adentrem em espaços de vulnerabilidade social.

Sendo assim, o objetivo geral trabalho foi analisar de que modo o Estado falha na aplicação de um ensino acessível. Já de modo específico, pretendeu-se: dissertar sobre o direito à educação e a sua importância; apresentar as modificações legislativas que visam efetivar o acesso pleno à educação no Estado de Pernambuco; e, por fim, identificar as principais falhas, no que concerne ao acesso à educação, e as medidas que possam ser aplicadas parta melhorar essa situação.

Quanto à metodologia, o presente artigo utilizou o modelo exploratório-descritivo, visando uma maior familiaridade entre o pesquisador e o tema pesquisado, visto que este ainda é pouco conhecido, ou melhor, explorado; e, em seguida, para entender como a ausência de políticas públicas prejudica o acesso à educação. Quanto ao procedimento técnico, a pesquisa pode ser classificada como bibliográfica, pois reuniu informações de conteúdos já publicados; bem como documental, pois buscou dados disponibilizados pelo Sindicato dos Trabalhadores em Educação de Pernambuco e pela Secretaria de Educação do Estado, de 2011 a 2019.

2. O direito à educação e a sua importância no Brasil

A educação é um direito social, ou seja, um direito fundamental de todas as pessoas, sendo importante para o crescimento de um país. Diante disto, este direito foi citado em todos os textos constitucionais do Brasil, dando início na Constituição Imperial, escrita pelo, até então imperador, Dom Pedro I, em 1824. Esta, em seu artigo 179, inciso XXXIII, assegurava o direito da educação em colégios e universidades, ensinando os elementos das ciências, letras e artes.

Na Constituição de 1891, após a proclamação da República Federativa do Brasil, em seu artigo 35, inciso III, foi dado o dever ao Congresso de criar instituições de ensino superior, aprimorando a educação nacional da época. Por sua vez, o artigo 149 da Constituição Federal de 1934, trouxe o entendimento de que a educação é essencial e é dever do Estado e da família ministrar o ensino, partindo da premissa que é algo que possibilita melhorias na vida econômica e social da nação.

No artigo 128 da Constituição sucessória, de 1937, foi ressaltada a iniciativa privada de ensino, dando liberdade às iniciativas particulares. Também em seu artigo 130, deixa claro que o ensino primário será fornecido pelo Estado de forma gratuita, contudo, visando ajudar os necessitados, foi cobrado uma contribuição módica e mensal das demais pessoas para manter o funcionamento da rede de ensino.

Reformando a ideia das Constituições anteriores, o texto constitucional de 1946, precisamente na alínea "d" do inciso XV do artigo 5º, tratou da função da União de legislar sobre o ensino nacional. Já em seu artigo 166, ressaltou o princípio da liberdade e da solidariedade humana, realçando que o ensino é direito de todos. Constituição de 1967, além de repetir os mesmos preceitos, discorreu, no parágrafo segundo do seu art. 176, acerca do ensino particular, bem como do amparo técnico e financeiro dos poderes públicos, inclusive, mediante bolsas de estudos.

Com a chegada da atual Constituição de 1988, o ensino ganhou mais espaço no texto constitucional, uma vez que esta fala dos direitos sociais e destaca principalmente a educação, destinando a ela uma seção específica. Outrossim, institui que é dever do Estado e da família fornecer educação, sendo sua promoção feita com incentivo e colaboração da sociedade, visando o pleno desenvolvimento da rede de ensino, preparando os indivíduos para o exército da cidadania e qualificação para o trabalho, mostrando ao cidadão como ele pode trabalhar e pensar sobre o seu papel na sociedade (artigos 205 ao 214 da Constituição Federal de 1988).

Sem educação não há direitos humanos, sendo este, essencial para a dignidade do homem. Somente através da educação, as pessoas irão conseguir encontrar seu lugar na sociedade. Malcon X, grande atividade dos direitos humanos, afirmou em seu discurso na Organização da Unidade Afro-Americana, em 1964:

A educação é um elemento importante na luta pelos direitos

humanos. É o meio para ajudar os nossos filhos e as pessoas a redescobrirem a sua identidade e, assim, aumentar o sua auto-respeito. Educação é o nosso passaporte para o futuro, pois o amanhã só pertence ao povo que prepara o hoje" (GELEDES, 2012, s.p.).

A educação é um direito que todos os cidadãos possuem. Sua importância ao longo da vida, principalmente na juventude, vai além de possibilitar ao indivíduo um bom emprego no futuro, é garantir o desenvolvimento de toda a sociedade. É notório que a educação abrange interesses e propósitos que advém da sociedade, pois é uma prática que tem como objetivo o desenvolvimento social e moral do ser humano, sendo imprescindível, pois permite que todos tenham conhecimento e possam viver com dignidade na sociedade.

O objetivo do Estado, ao garantir esse direito, é promover a cidadania de forma eficaz através da educação, para que todos tenham um qualificação de trabalho digna e justa em uma sociedade livre, buscando seus próprios interesses. É o que afirma Saviani:

> O trabalho educativo é o ato de produzir, direta e intencionalmente, em cada indivíduo singular, a humanidade que é produzida histórica e coletivamente pelo conjunto dos homens. Assim, o objeto da educação diz respeito, de um lado, à identificação dos elementos culturais que precisam ser assimilados pelos indivíduos da espécie humana para que eles se tornem humanos e, de outro lado e concomitantemente, à descoberta das formas mais adequadas para atingir esse objetivo (SAVIANI, 1995, p. 17).

Diante disso, ao ter acesso à educação, o indivíduo está sendo preparado para entrar na sociedade, adquirindo meios para aprender a conviver e se comportar diante das problemáticas do meio social. Sendo assim, ao ingressar no meio educacional, irá ganhar características únicas de seres humanos para se tornar, de fato, um ser humano capaz de conviver no meio social. Além disso, o autor citado acima frisa o conhecimento como uma peça chave para o desenvolvimento pessoal, com o propósito de alcançar os meios pessoais que aquele indivíduo tem.

3. Modificações legislativas que visam afetivar o acesso pleno à educação de Pernambuco

É notório que atualmente existe uma precarização do trabalho educacional no Brasil, isso se dá pela não valorização da profissão dos que trabalham na linha de frente da educação, como também pela depreciação da sua importância do ponto de vista social e pelos seus baixos salários. No caso da rede de ensino do Estado de Pernambuco não é diferente, considerando que há desequilíbrio entre professores contratados e concursados, salários defasados, entre outros fatores.

Deste modo, estes atos vem trazendo consequências drásticas para os jovens estudantes, como perder crianças para o mundo do crime, aumentando o índice da gravidez na adolescência e o não desenvolvimento do mercado econômico estadual, por não conseguir formar pessoas suficientes para movimentar o mercado de trabalho. Estas são consequências irreversíveis para vida de muitos jovens, que dependem de uma boa educação básica para se sustentar ou sustentar sua própria família (ASSOCIAÇÃO MÉDICA BRASILEIRA, 2019).

Partindo da premissa de entender a importância da educação estadual, surgiu o Programa Brasil Profissionalizado, que é um programa do Governo Federal para com as instituições de ensino estaduais. Em entrevista no ano de 2011, Marcelo Camilo Pedra, Coordenador Geral de Fortalecimento das Redes de Educação Profissional e Tecnológica do Ministério da Educação, relatou que o projeto visava a construção de 25 escolas técnicas, a ampliação de 3 escolas existentes e incluir laboratórios e equipamentos em outras escolas existentes (MINISTÉRIO DA EDUCAÇÃO, 2018).

Com o mesmo intuito de melhorar a educação foi criado o projeto Mais Educação, pela portaria MEC n° 144/2016, sendo regido pela Resolução FNDE n° 5/2016. Este projeto tem como objetivo melhorar a desenvoltura dos jovens e crianças no ensino, otimizando seu tempo escolar. Em 2018, ele foi aplicado com acompanhamento pedagógico em português e matemática, desenvolvendo também, outras atividades nos campos da cultura, lazer, esporte e artes, pra ser administrado no tempo de cinco ou quinze horas semanais.

Com a criação de um projeto para melhorar a alfabetização de crianças, o Governo de Pernambuco lançou o Criança Alfabetizada. Sendo proposta parceria com os municípios do Estado, com expectativa de beneficiar 330 mil crianças de escolas fundamentais públicas municipais, com até sete anos de idade. Com isso, o governo estadual forneceu materiais pedagógicos para alfabetização, buscando uma ênfase no desenvolvimento do projeto (SECRETARIA DE EDUCAÇÃO DE PERNAMBUCO, 2019).

É visível a importância que é preciso dar para o ensino fundamental, pois somente com um ensino fundamental eficaz será possível ter um melhor ensino médio e, consequentemente, uma melhor acesso ao curso superior e ao mercado de trabalho. Sobre a constituinte de 1988, Jamil Cury fala que ele:

> [...] optou por um federalismo cooperativo sob a denominação de regime articulado de colaboração recíproca, descentralizado, com funções privativas, comuns e concorrentes entre os entes federativos. Com efeito, a constituição federal de 1988 reconhece o Brasil como uma república Federativa, formada pela "União indissolúvel dos Estados e Municípios e do Distrito Federal..." (art.1º da constituição). E, ao se estruturar, assim o faz, sob o princípio da cooperação recíproca, de acordo com os artigos 1º, 18, 23 e 60, § 4º, I. Percebe-se, pois, que em vez de um sistema hierárquico ou dualista, comumente centralizado, a constituição Federal montou um sistema de repartição de competências e atribuições legislativas, entre os integrantes do sistema federativo, dentro de limites expressos, reconhecendo a dignidade e a sua autonomia própria (CURY, 2011, p.158).

Com a Constituinte atual foi dado mais visibilidade ao direito à educação, que ganhou um capítulo próprio, sendo um direito de todo cidadão e uma obrigação do Estado. A União é responsável por sugerir a implementação de políticas públicas para beneficiar a educação, garantindo oportunidades educacionais iguais e um padrão mínimo nos Estados. Os Estados ficaram com a responsabilidade de oferecer o ensino médio e fundamental junto aos municípios, que são responsáveis pelo ensino infantil e fundamental (artigos 205 a 214 da Constituição Federal de 1988).

Também é importante destacar a grande importância da terminalidade do ensino médio, que, diante do aprendizado moral e ético do jovem, juntamente com as matérias escolares, irá ajudá-lo a escolher sua profissão, o curso que se adequar melhor a sua postura. Desse modo, salienta-se que a instituição escolar tem papel gigantesco na vida dos cidadãos, desde a convivência social à própria matéria escolar, é o que afirma Paro:

> A educação, como parte da vida, é principalmente aprender a viver com a maior plenitude que a história possibilita. Por ela se toma contato com o belo, com o justo e com o verdadeiro; aprende-se a compreendê-los, a admirá-los, a valorizá-los e a concorrer para sua construção histórica, ou seja, é pela educação que se prepara para o usufruto (e novas produções) dos bens espirituais e materiais (PARO, 2007, p. 21-22).

Em seu livro, Luiz Alberto Vidal e Vidal Serrano Nunes retratam que a educação, pela primeira vez, é destacada como Direito Social. Dando assim, uma maior ênfase e destaque para a importância da educação para com os Brasileiros. Segundo Luiz Araújo:

> Com o advento da Constituição Federal a educação é tratada com primazia e pela primeira vez em nossa história Constitucional a declaração dos Direitos Sociais destaca primordialmente a educação, destinando a ela uma seção específica, compreendida entre os artigos 205 aos 214 para tratar o tema, além de poder ser encontrada em vários outros dispositivos ao longo da Carta (ARAUJO, 2010, p. 516).

No ano de 2018, foi realizado uma pesquisa pelo IBGE na capital pernambucana, em que foi comprovado que existem 51.282 matriculados no ensino infantil, 184.266 matriculados no ensino fundamental, 64.142 matriculados no ensino médio, 2.951 docentes no ensino infantil, 8.705 docentes no ensino fundamental, 3.603 docentes no ensino médio. Diante disto, dá para se observar o número de professores para com o número de alunos, sendo uma das principais coisas profissionais adequados para exercer a área com êxito (IBGE, 2018).

Analisando o Índice de Desenvolvimento da Educação Básica – IDEB (2017), apesar de ter alcançado as notas esperadas, o índice vem caindo durante a progressão dos alunos. Alunos da 4° série e da 5° série alcançaram 4.9 no ano de 2017, alunos do 8° série e da 9° série alcançaram 4.5 no ano de 2017, por fim, os alunos da 3° série do ensino médio alcançaram 4.0 no ano de 2017.

Então, é mais que notório a diferença dos números dos índices, já que crianças da 4° série/5° série estão com o índice mais alto do que os alunos da 3° do ensino médio. É evidente que a evolução estadual de Pernambuco precisa urgentemente de mais políticas públicas que visam melhorar o ensino de forma mais ampla e eficaz, afim de englobar mais crianças e adolescentes em meio à educação, visando proporcionar uma melhor educação, capacidade e sociabilidade, pois é a partir do ensino fundamental que a criança deve se adaptar a novos ambientes e obter seus primeiros conhecimentos.

4. Principais falhas do Estado de Pernambuco no que concerne ao acesso à educação e medidas que devem ser implementadas

Quando se fala das principais falhas da rede de ensino do Estado de Pernambuco, é de grande importância avaliar os dados e estatísticas de pesquisas realizadas não só atualmente, mas também em anos anteriores. No ano de 2014, foi realizado uma pesquisa através do Sindicato dos Trabalhadores em Educação de Pernambuco – Sintepe (2014), com 152 escolas estaduais na Região Metropolitana do Recife, em que se constatou a escassez de profissionais e de infraestrutura qualificada nas escolas do Estado.

Além da falta de professores adequados e competentes para exercer os respectivos cargos, a pesquisa também diz que 5.850 bancas escolares estão em falta e 41 escolas não possuem bibliotecas totalmente equiparadas para que o aluno tenha todo o suporte para que haja um melhor aprendizado, o que é algo totalmente necessário para o desempenho desse; 17 escolas estão com cozinhas em situações de escassez, o que também é muito preocupante pois os alunos precisam da alimentação; e, por fim, em 112 escolas as quadras de esportes não possuem uma infraestrutura adequada para comportar os alunos e praticar atividades físicas por falta de materiais (SINTEPE, 2014).

Ainda de acordo com a instituição:

> Os laboratórios onde deveriam ser ministradas as aulas de física, química, matemática e biologia também não funcionam. Recentemente, a escola recebeu os materiais necessários para os espaços, contudo, os laboratórios não contam com infraestrutura para que os alunos possam utilizá-los (SINTEPE, 2018, s.p).

Além de todos esses problemas, que se destacam como indiscutíveis para melhoria do ensino no Estado, vem os problemas com os laboratórios. É notório, para todas as pessoas que já estudaram ou tiveram a oportunidade de visitar os laboratórios das escolas do Governo de Pernambuco, a falta de materiais para que os alunos possam utilizar estes, pois sem os materiais necessários os professores ficam impossibilitados de ensinarem de uma forma mais didática. Como cobrar resultados dos professores? Quando a falta de estrutura básica nas redes de ensino deixam a desejar.

De acordo com o Sintepe:

> O relatório foi baseado nas visitas feitas por diretores e representantes setoriais do sindicato em 163 das 1.107 unidades (14,7% da rede), localizadas na Região Metropolitana do Recife e nos municípios de Palmares (Mata Sul), Gravatá (Agreste) e Cabrobó (Sertão). Foram identificados em 157 escolas (96,3%), problemas de infraestrutura, como instalações elétricas precárias,

salas de aula inadequadas, quadras poliesportivas abandonadas, falta de bancas e material didático (SINTEPE, 2011, s.p).

Quando o assunto é educação, especialmente no que concerne a inadequação das salas de aulas para o ensino dos alunos, é hora de tomar providências cabíveis para que alunos comecem a ter um ensino de qualidade e possam desenvolver a aprendizagem. Sendo assim, tem-se que a qualidade do ensino não deve ser cobrada somente dos professores, que de certa forma são a linha de frente da educação, essas melhorias só serão possíveis quando houver investimento em uma boa estrutura para obtê-la, não somente do "prédio" em si, conforme relatório do Sintepe:

> O forte calor por conta da falta de ventiladores atinge ainda a secretaria da escola e a sala dos professores. Durante todo dia, os docentes fazem uma verdadeira "dança das cadeiras", posicionando suas mesas e materiais em lugares onde os raios de sol não possam alcançar." (SINTEPE, 2018, s.p.).

Como já é de conhecimento, a falta de climatização nas escolas estaduais, embora não pareça, é um grande problema. Com base no clima do Estado, que é o tropical úmido no litoral e o semiárido no interior, as escolas do interior são as mais prejudicadas com a falta de climatização, pois a região é mais quente. Os alunos se sentem, de certa forma, prejudicados pela falta de ventilação nas salas de aula, pois as aulas se tornam desagradáveis. Já alguns chegam a passar mal diante do calor e as escolas se veem obrigadas a liberaram os alunos mais cedo, sendo assim, os estudantes perdem aulas por conta da falta de climatização que de certa forma contribui muito para o aprendizado dos alunos (SINTEPE, 2018).

Nada adianta uma escola com professores totalmente classificados para prestarem os seus serviços em um ambiente que não é confortável para que os façam. Como proporcionar uma interação de aprendizado exemplar e agradável aos alunos, se a escola não disponibiliza um ambiente em condições justas para que se aprenda da melhor forma possível? Esse questionamento é levantado por várias pessoas que fazem parte da rede de ensino Estadual, é "compreensível" que o governo não pode fazer 100% sempre, mas investir na educação, é investir em um futuro melhor, onde a criminalidade poderia diminuir pois com boas condições, materiais e escolas equipadas para receber os alunos, eles se sentiriam mais confortáveis em permanecer na escola (SINTEPE, 2011).

Sabe-se que quanto a esse assunto não se pode generalizar, mas buscando compromisso do governo juntamente com as famílias, as escolas poderiam tirar boa parte dos jovens que hoje movimentam as ruas e que preferem parar os estudos, para dar uma educação de qualidade e fazer com que estes jovens possam se interessar e terem um futuro digno. A educação é o ponto mais importante para a construção de uma sociedade e de um futuro responsável. Estatísticas mostram que Pernambuco avançou quanto a educação nos últimos anos, trazendo programas que buscam agregar ainda mais o ensino, como por exemplo o EJA, porém, como citado anteriormente, ainda deixa a desejar em alguns aspectos, seja no ensino fundamental ou no ensino médio (SINTEPE, 2016).

No Estado, faz-se um necessário investimento na educação de modo geral, que vai desde a capacitação dos professores até a aquisição de materiais de apoio para o aluno. Quanto aos professores, é de total importância formar um plano pedagógico e que as escolas valorizem o trabalho destes, dando-lhes boas ferramentas para que possam trabalhar da melhor forma, como também formações para que o corpo docente da escola se mantenha sempre atualizado. Dessa forma, as chances da escola oferecer um ensino de excelência serão maiores, o que irá passar mais credibilidade para a escola e segurança para os pais que frequentam as reuniões escolares.

Em relação a estes, salienta-se que é fundamental a presença deles na escola, sempre tentando acompanhar o desenvolvimento do seu filho, porém, sabe-se que poucos fazem isso, pois muitos trabalham. Essa falta de participação dos pais é um dos desafios que devem ser enfrentados, para auxiliar tanto os professores como os próprios alunos no processo de aprendizagem. Por isso, a missão das instituições de ensino é a de incentivar e procurar facilitar a participação das famílias nos projetos e que os pais possam acompanhar e fazer parte dos momentos escolares, pois, dessa forma, a escola adquire mais segurança para passar uma educação de qualidade, pois terá o apoio dos pais para desenvolvê-la (DUARTE; LINS, 2012).

Por fim, destaca-se que a sociedade passou por diversas mudanças nos últimos tempos, sendo dever da escola acompanhar essas mudanças e fornecer uma educação acessível e de qualidade para o aluno, buscando facilitar o processo de aprendizagem. Uma das formas de facilitar esse acesso seria um maior investimento nos laboratórios, como o de informática, que leva para o aluno uma tecnologia que pode facilitar sua aprendizagem; bem como prepara-lo para o futuro e para o mercado de trabalho, pois muitos alunos de rede pública não tem um computador. Portanto, é de fundamental importância que os gestores escolham as melhores ferramentas disponíveis para que os seus alunos tenham um aprendizado de qualidade.

5. Considerações Finais

Finaliza-se este artigo científico tratando do objetivo geral: analisar de que modo o Estado falha na aplicação de um ensino acessível. No decorrer do trabalho surgiram vários questionamentos, questões estas que foram buscadas respostas com o intuito de contribuir com o debate público acerca do tema tratado. Conclui-se que no Estado de Pernambuco, bem como em todo o Brasil, existe uma precarização do trabalho docente, sendo este caracterizado pela desconsideração do trabalho, pelos baixos salários tanto dos funcionários contratados e dos concursados, trazendo desigualdade entre os funcionários da área docente.

Observa-se a desvalorização dos professores, esta desvalorização acarreta em diversas consequências, entre estas estão os jovens que passaram a não se interessarem pela profissão. Portanto, isso pode a vir comprometer o mercado de trabalho, onde faltará professores, diretores e gestores para suprir as necessidades das escolas do Estado e estas acabam prejudicadas pela falta de profissionais da área.

O Estado falha quando há a falta de fiscalização e supervisão de recursos, pois deveria passar a monitorar mais as instituições escolares, verificando se os fundos públicos voltados para estas instituições estão sendo usados de maneira correta e eficiente, se seus serviços estão sendo aplicados de maneira eficaz e acessível, obtendo êxito no que foi planejado e orientado aos responsáveis pelas escolas (ou seja, os diretores).

Citando as principais formas em que o Estado falha de forma prejudicial aos estudantes, está a desvalorização dos edifícios escolares, algo fundamental para o bem-estar dos alunos e o bom aprendizado dos mesmo. Para enfatizar esse ponto, é necessário mencionar essas falhas e justificar a desvalorização dos prédios, da climatização e de bibliotecas.

Visando a climatização nas salas de aula, pode-se afirmar que o calor pode causar impaciência nos alunos e até mesmo nos professores e diversos fatores que acabam dificultando no desenvolvimento da aprendizagem. A capacidade de concentração pode diminuir e os alunos terão uma maior dificuldade para fixar na mente o conhecimento que o professor está lhe passando. No entanto, quando a sala de aula com um clima confortável, os alunos passam a prestarem mais atenção ao professor e diminuem as saídas, as idas ao banheiro e ao bebedouro, pois o calor gera muita sede e os alunos acabam deixando por mais vezes a sala de aula.

Em virtude dos fatos mencionados, chega-se à conclusão que quando não há desconforto na sala de aula, mesmo para o professor, a capacidade de concentração aumentará porque eles se sentirão mais confortáveis durante o ensino. Portanto, não há dúvida de que o Estado deve começar a considerar não apenas o bem-estar dos alunos, mas também dos professores, a fim de buscar promover melhores formas de aprendizagem.

A biblioteca é uma das coisas mais básicas da escola para a alfabetização dos alunos. Portanto, são essenciais em todas as etapas da alfabetização. Elas tem como objetivo apoiar as formas pedagógicas que os docentes buscam, além de incentivar o avanço da leitura aos alunos, este é outro ponto onde o Estado poderia investir e promover uma maior importância, como um dos principais pontos que toda escola deve possuir, sendo de total importância para os alunos e professores, pois passam a ter uma maior segurança ao lecionar suas aulas com livros didáticos adequados.

Referências

ASSOCIAÇÃO MÉDICA BRASILEIRA. **Gravidez Na Adolescência, São 400 Mil Casos Por Ano No Brasil**, 2019. Disponível em: https://amb.org.br/noticias/gravidez-na-adolescencia/. Acesso em: 16 Jul. 2020.

ARAÚJO, Edeildo de. **Jovens sem um referencial**. 2011. Disponível em: https://www.sintepe.org.br/site/v1/index.php/artigos/da-diretoria/1521-jovens-sem-um-referencial. Acesso em: 17 jun. 2020.

ARAUJO, Serrano Nunes. **Curso de Direito Constitucional.** 14. ed. São Paulo: Saraiva, 2010.

BRASIL. **Constituição Federal Brasileira de 1824**. Disponível em: http://www.planalto.gov.br/ccivil_03/Constituicao/Constituic

ao24.htm. 16 Jun. 2020.

BRASIL. **Constituição Federal Brasileira de 1891**. Disponível em: http://www.planalto.gov.br/ccivil_03/Constituicao/Constituic ao91.htm Acesso em: 16 Jun. 2020.

BRASIL. **Constituição Federal Brasileira de 1934**. Disponível em: :http://www.planalto.gov.br/ccivil_03/Constituicao/Constituic ao34.htm Acesso em: 16 Jun. 2020.

BRASIL. **Constituição Federal Brasileira de 1937**. Disponível em: http://www.planalto.gov.br/ccivil_03/Constituicao/Constituic ao37.htm Acesso em: 16 Jun. 2020.

BRASIL. **Constituição Federal Brasileira de 1946**. Disponível em: http://www.planalto.gov.br/ccivil_03/Constituicao/Constituic ao46.htm Acesso em: 16 Jun. 2020.

BRASIL. **Constituição Federal Brasileira de 1967**. Disponível em: http://www.planalto.gov.br/ccivil_03/Constituicao/Constituic ao67.htm Acesso em: 16 Jun. 2020.

BRASIL. **Constituição Federal Brasileira de 1988**. Disponível em: :http://www.planalto.gov.br/ccivil_03/constituicao/constituica o.htm. Acesso em: 16 Jun. 2020.

DE OLIVEIRA, Romualdo Portela; SANTANA, Wagner. **Educação e Federalismo no Brasil:** combater as desigualdades, garantir as diversidades. 2010. Disponível em: http://www.crianca.mppr.mp.br/arquivos/File/publi/unesco/ educacao_federalismo.pdf#page=37. Acesso em: 26 jul. 2020.

DUARTE, Alessandra; LINS, Letícia. **Professores culpam pais e alunos por nota baixa.** O Globo, 2012. Disponível em: https://oglobo.globo.com/sociedade/educacao/professores-culpam-pais-alunos-por-nota-baixa-4411556. Acesso em: 17 jun. 2020.

GELEDES. **Discurso de Malcolm X para a Organização da Unidade Afro-americana".** Audubon Ballroom, Harlem – Nova York, 28 de junho de 1964. Disponível em: https://www.geledes.org.br/hoje-na-historia-1964-discurso-de-malcon-x-na-organizacao-da-unidade-afro-americana. Acesso em: 16 jun. 2020.

IBGE. **Censo Escolar – Sinopse**. 2019. Disponível em: https://cidades.ibge.gov.br/brasil/pe/recife/pesquisa/13/5908 . Acesso em: 16 jun. 2020.

INEB - Instituto Nacional De Estudos E Pesquisas Educacionais Anísio Teixeira. **Indice de Desenvolvimento de Educação Básica,** 2017. Disponível em: http://ideb.inep.gov.br/resultado/resultado/resultado.seam?cid =371864. Acesso em: 16 jun. 2020.

MINISTÉRIO DA EDUCAÇÃO. **Brasil Profissionalizado**, 2018. Disponível em: http://portal.mec.gov.br/brasil-profissionalizado. Acesso em: 26 jul. 2020.

OUL. **Educação:** o princípio da qualidade e sua efetividade na educação de base, 2015. Disponível em:https://monografias.brasilescola.uol.com.br/direito/educac ao-principio-qualidade-sua-efetividade-na-educacao-base.htm. Acesso em: 16 Jun. 2020.

PARO, V. H. **Gestão escolar, Democracia e Qualidade do Ensino**. São Paulo: Ática, 2007. Disponível em: http://www.vitorparo.com.br/gestao-escolar-democracia-e-qualidade-do-ensino. Acesso em: 16 jun. 2020.

SECRETARIA DE EDUCAÇÃO E ESPORTES DE PERNAMBUCO. **Educação integral**, 2014. Disponível em: http://www.educacao.pe.gov.br/portal/?pag=1&men=70. Acesso em: 16 Jun. 2020.

SECRETARIA DE EDUCAÇÃO DE PERNAMBUCO. **Programa Criança Alfabetizada.** 2019. Disponível em: http://www.educacao.pe.gov.br/portal/?pag=1&cat=36&art= 5101. Acesso em: 16 jun. 2020.

SINTEPE. **A forma como o governo busca incessantemente os resultados não funciona,** 2014. Disponível em: http://www.sintepe.org.br/site/v1/index.php/component/con tent/article/89-destaque/3933-qa-forma-como-o-governo-busca-incessantemente-os-resultádos-nao-funcionaq-pontuou-araujo. Acesso em: 17 jun. 2020.

SINTEPE. **Alunos e professores denunciam problemas em Escola Técnica, localizada no Paulista**, 2018 Disponível em:

https://www.sintepe.org.br/site/v1/index.php/component/content/article/40-noticias/3477-alunos-e-professores-denunciam-problemas-em-escola-tecnica-localizada-no-municipio-do-paulista. Acesso em: 17 jun. 2020.

SINTEPE. **Relatório do Sintepe aponta problemas nas escolas estaduais,** 2011. Disponível em: https://www.sintepe.org.br/site/v1/index.php/component/content/article/40-noticias/1360-sintepe-apresenta-relatorio-sobre-problemas-na-rede-estadual. Acesso em: 16 jun. 2020.

SINTEPE. **Educação Pública No Centro Do Debate Em Pernambuco,** 2016. Disponível em:http://www.sintepe.org.br/site/v1/index.php/component/content/article/89-destaque/4360-educacao-publica-no-centro-do-debate-em-pernambuco. Acesso em 26 jul. 2020.

A educação como instrumento de transformação social para a pessoa com deficiência e as falhas do estado na promoção de um ensino inclusivo

ANGÉLICA L. GOMES[1]
EMANUEL F. DE SÁ[2]

1. Introdução

Não diferente dos negros, judeus e homossexuais, ao longo de toda a história da humanidade existiram relatos depreciativos e até mesmo desumanos direcionados às pessoas com deficiência, denominadas como "monstros sociais" pelo simples fato de serem distintos dos demais indivíduos, por terem algum tipo de limitação. Exemplo claro ocorreu na Grécia antiga, berço da civilização ocidental, em que os jovens deveriam ser "perfeitos", sem nenhuma limitação física. De igual modo, cita-se o caso de Roma, onde as pessoas com alguma espécie de limitação eram isoladas de toda a sociedade.

Segundo a ONU, uma em cada sete pessoas no mundo possui algum tipo de deficiência, sendo tal informação assustadora, especialmente devido ao preconceito e a intolerância da própria sociedade no que tange a esses indivíduos. No entanto, no decorrer do tempo, as pessoas com deficiência vêm ganhando um espaço significativo na coletividade, em face da implementação de direitos, dentre os principais, destaca-se o da educação, presente como um direito coletivo e social para todos os brasileiros.

Em relação a isso, a própria Constituição Federal de 1988 institui que todos os brasileiros são iguais, independentemente de cor, raça ou sexo. Dentro de uma interpretação extensiva, o referido texto engloba as diferenças físicas, tornando todos os seres iguais, sendo este direito capaz de abrir novos caminhos e oportunidades para as pessoas com deficiência, assim como também a sua socialização ao invés da segregação.

---

[1] Graduanda do Curso de Direito da Faculdade de Ciências Humanas do Sertão Central – Fachusc.

[2] Graduando do Curso de Direito da Faculdade de Ciências Humanas do Sertão Central – Fachusc.

Ademais, salienta-se, ainda, que tal direito foi ratificado pelo Estatuto da Pessoa com Deficiência (Lei n° 13.146/15), que traz de forma nítida não só a inclusão da PCD no âmbito educacional, mas também a capacidade de abstrair ao máximo seus conhecimentos cognitivos. Tal alteração será capaz de transformar a vida desses indivíduos, contudo, existem diversos problemas que impedem a real efetividade desses direitos, ou seja, seu exercício regular. Nesse aspecto, surge o seguinte questionamento: quais as principais falhas do Estado em relação à materialização do direito à educação por parte da pessoa com deficiência, especialmente quanto a sua inclusão na coletividade?

Dentre os principais obstáculos para a garantia desse direito, cita-se a falta de preparo técnico das pessoas que lidam com esse público e a falta de fiscalização, má gestão ou ausência de recursos para que isso ocorra. No entanto, com a implementação de medidas públicas de punição, cumulada com a disseminação desse direito, para que as pessoas que se enquadram como público alvo fiquem cientes deste, será possível reverter esse quadro.

Sendo assim, esse trabalho tem como principal objetivo demonstrar as principais falhas do Estado no que tange à materialização do direito à educação da pessoa com deficiência. Já de forma específica, pretendeu-se: defender a educação como um direito coletivo; identificar os instrumentos legais que garantem o acesso à educação a PCD; e, por fim, apontar como as falhas do Estado afetam a inclusão social da PCD.

Diante do exposto, tem-se que o presente trabalho utilizou o método de pesquisa bibliográfica para a construção do artigo, fazendo uso de trabalhos já publicados, dentre os quais: dissertações de mestrado, dados governamentais, livros doutrinários e a própria legislação. Por fim, como um norte eficaz para a elaboração deste trabalho, classificou-se a pesquisa como exploratória-descritiva, pois irá identificar e descrever as falhas cometidas pelo governo em relação à efetivação do direito à educação para as PCD.

2. A educação como um direito coletivo

Ao longo da história, a humanidade sempre teve a necessidade de interação, seja direta ou indiretamente, o que desencadeou relações sociais imanentes a vida humana, como bem já dizia Aristóteles (2007) sobre a natureza social do homem. Contudo, é inato aos homens ter pensamentos particulares, intrínsecos a estes como seres individuais, como bem frisa Bauman (2007) em sua teoria sobre a modernidade "líquida".

Ainda de acordo com Bauman (2007), a sociedade é cada vez mais vista e tratada como uma "rede", em vez de uma "estrutura" (para não falar em totalidade sólida), sendo percebida e encarada como uma matriz de conexões e desconexões aleatórias e de um volume essencialmente infinito e de permutações possíveis. Ademais, Warschauer (2006) vai dizer, em meio a presente sociedade em "rede", que existe uma nítida contradição entre o desenvolvimento econômico e desigualdade.

Conforme Fleuri (2003, p. 17), a função da interculturalidade é focalizar "especificamente a possibilidade de respeitar as diferenças e de integrá-las em uma unidade que não as anule". Isto posto, embora os conflitos sejam inevitáveis e imprevisíveis, próprios das relações sociais, é de suma importância a aceitação ao diferente, assim como o respeito mútuo, pois será através dele que os seres se tornarão iguais uns aos outros perante as suas peculiaridades, prezando uma convivência inclusiva (CANZIANI, 2010 *apud* LANNA JÚNIOR, 2010).

Diante dessa abordagem, surgem diversas dificuldades que inviabilizam a inclusão social em meio às diferenças das pessoas com deficiência, que foram ao longo dos séculos estigmatizadas como indivíduos relativamente ou absolutamente incapazes de viver em sociedade e de gerir a própria vida. Um exemplo disso é que até 2015, o Código Civil brasileiro, nos seus artigos 3º e 4º, previa a incapacidade deles, que necessitavam de um assistente ou curador para realizar seus atos na vida civil.

Nesse cenário, surge a educação como ferramenta essencial e arraigada à efetivação do respeito às diferenças, um direito garantido a estes através da Lei 13.146/2015, no seu artigo 27. Ademais, destaca-se, ainda, que a educação é um direito coletivo, ou seja, social, elencado na Constituição Federal:

> Art. 6º São direitos sociais a educação, a saúde, a alimentação, o trabalho, a moradia, o transporte, o lazer, a segurança, a previdência social, a proteção à maternidade e à infância, a assistência aos desamparados, na forma desta Constituição.

Desse modo, é dever do Estado, da família e da sociedade a efetivação desse direito, como assevera o art. 227 da CF/88, através de um sistema de garantias e de proteção integral à criança e ao adolescente. Já em relação às PCD, a redação do art. 27, parágrafo único, diz ser dever do Estado, da família, da comunidade escolar e da sociedade assegurar educação de qualidade à pessoa com deficiência, por meio da oferta de serviços e recursos de acessibilidade que eliminem as barreiras.

No entanto, até que obtivessem êxito nas conquistas dessas leis, e de outras ferramentas relacionadas a inclusão da PCD na educação, esse público primeiro foi excluído e segregado, para somente depois ser integrado e incluído na sociedade. Nesse contexto, a educação tem a importante missão informativa de apresentar a diversidade cultural existente em determinadas sociedades, como também objetiva valorar princípios morais e de trato sociais para que haja além da inclusão, a transformação positiva aos que antes estavam segregados (SASSAKI, 2012).

A realidade é que a educação ultrapassa a ideia de desigualdades existentes, expandindo a necessidade de relação ou até mesmo "mesclando" vivências como símbolo de igualdade (DOS SANTOS, 2008). Ademais, quando se fala desse conhecimento, surge a figura das instituições de ensino como caminho corroborador e capaz de combater a exclusão social, sendo nesses locais que será efetivado esse direito a todos os cidadãos.

Segundo dados do Portal Brasil (2015), houve um demasiado número de matrículas de PCD em universidades, passando de 3.705 (três mil setecentos e cinco) no começo de 2015 para 19.812 (dezenove mil oitocentos e doze) no final, sendo algo de extrema relevância e ponto crescente para a inclusão. É importante ressaltar que investir na educação não é apenas apostar na profissionalização do indivíduo, como reflexo institucional educativo, mas formar um ser humano capaz de aceitar as diferenças sociais e respeitar o próximo.

Paulo Meksena, com muita clareza, exprime que:

> Na prática, a vinculação entre Estado e educação se dá através da escola, pois é por meio desta instituição que o Estado consegue exercer controle efetivo sobre os indivíduos. A escola, através de suas normas e conteúdos, inculca nos indivíduos valores sociais desta dada sociedade. A supervisão sobre essas normas e conteúdos é encargo do Estado, que atinge a escola através do Ministério e das secretarias de Educação (MEKSENA, 1992 apud ALKIMIN; NASCIMENTO, 2012, p. 17).

Dessa forma, é importante, primordialmente, que toda a coletividade, não só as PCD, sejam conscientizadas acerca desse direito, que se amolda e abrange todo o público nacional. Pois, é justamente esse o objetivo lógico-sistemático de apresentar a educação como um direito coletivo, fazendo com que essa ferramenta inclusiva e transformadora seja utilizada como meio de transformação social, transformando a realidade dos indivíduos que são excluídos.

Sendo assim, fica clara a intrínseca relação entre a educação e a coletividade, afinal, o conhecimento além de desenvolver as atividades mentais no indivíduo, desencadeia a inclusão deste na sociedade, em especial do público considerado mais "vulnerável", em que se enquadram as pessoas com deficiência, que foram ao longo dos séculos excluídos do ensino normal. Por fim, destaca-se que a Lei 13.146 /2015, no seu art. 3º, VI, prevê as formas de adaptações no ensino às necessidades das PCD, sem que este seja impossibilitado de interagir, agir e aprender com os demais alunos.

3. Os instrumentos legais que garantem o acesso à educação a PCD

É notório que as pessoas com deficiência, mesmo aos poucos, vem adquirindo direitos e garantias essenciais para a sua vida em coletividade. Como se sabe, a educação é um dos elementos intrínsecos a esta convivência social, porém, nem sempre foi assim, o direito à aprendizagem não se destinava a coletividade, mas sim a classes específicas. Segundo Balbino da Costa (2012), essas exclusões eram legitimadas pela política perante a ordem social. Todavia, diante da visão democrática trazida pelos direitos humanos, fundamentada a partir do pressuposto conceitual de cidadania, ocorreu e ainda está ocorrendo a quebra dessa distinção.

O primeiro contato das pessoas com deficiência aos atendimentos educacionais, no Brasil, ocorreu no século XIX, quando o país ainda era governado em um regime imperial. Instituições foram criadas pelo imperador, destinadas a esse fim, a exemplo: do Imperial Instituto dos Meninos Cegos, criado em 1854, atualmente chamado Instituto Benjamin Constant – IBC; e do Imperial Instituto dos Surdos e Mudos, criado em 1857, chamado hoje de Instituto Nacional da Educação dos Surdos – INES. Desde então foram instauradas outras instituições buscando não só a integração social com outras realidades, mas a introdução dos genitores na vida da pessoa com deficiência, a exemplo do APAE, criado em 1945 (LANNA JÚNIOR, 2011).

Entretanto, somente em 1961 foi positivado esse direito, através da Lei n° 4.024, do mesmo ano, que teve por finalidade garantir às pessoas com deficiência que o atendimento educacional fosse fundamental, de acordo com as disposições da Lei de Diretrizes e Bases da Educação Nacional – IDBEN. Diante disso, é de suma importância destacar as mais diversas modificações desta lei, como é o caso da Lei n° 5.692/71, que trata sobre o tratamento especial para os estudantes com deficiência física e/ou mental, que se encontram com atraso considerável quanto à idade etc. Também a criação de *novatio legis* (novas leis) de matéria benéfica as garantias e aplicações aos direitos da pessoa com deficiência (GRUPO DE TRABALHO DA POLÍTICA NACIONAL DE EDUCAÇÃO ESPECIAL, 2008).

A partir da instrumentalização desse direito, fez-se necessário que o Governo Federal, por meio do Ministério da Educação, criasse, no ano de 1973, o Centro Nacional de Educação Especial – CENESP, a fim de uma melhor organização no Sistema de Educação Especial. Com isso, no ano de 1988, com a criação da Carta Magna brasileira, foi estabelecida a importância de garantir todos os direitos da pessoa com deficiência, em especial o direito à educação (GRUPO DE TRABALHO DA POLÍTICA NACIONAL DE EDUCAÇÃO ESPECIAL, 2008). Segundo a Constituição Federal, no ser art. 5°, *caput*, todos são iguais perante a lei sem distinção de qualquer natureza, em promover o bem de todos sem preconceito de qualquer forma de discriminação, sendo esse um objetivo fundamental em sua taxação.

O Capítulo III, Seção I, deste mesmo diploma legal, trata, em seu art. 205, da educação como direito de todos e dever do Estado, sendo também uma obrigação da família. Essa responsabilidade é destinada para o desenvolvimento social e preparo de cada indivíduo, para que este exerça de forma correta a sua cidadania no âmbito social. O Estatuto da Criança e do Adolescente (Lei n° 8.069/90), tratando de forma especifica, em seu artigo 55 aduz que os pais ou os respectivos tutores legais têm a obrigação de matricular seus filhos ou os respectivos tutelados em redes regular de ensino.

Observado a educação no âmbito social do indivíduo e de seus colaboradores como instrumento transformador e preparador à vida em meio a coletividade, é de suma importância ponderar de acordo com os princípios regente a educação. O artigo 206 da Constituição Federal nos seus incisos subsequentes dispõe das diretrizes educacionais, propondo tratar os desiguais de forma desigual, buscado a justeza material da palavra igualdade.

Segundo o Instituto Nacional de Estudos e Pesquisas Educacionais Anísio Teixeira – INEP (2018), o número de alunos portadores de necessidades especiais teve um aumento considerável, considerando os dados entre os anos 2014 e 2018. Nesse aspecto, cabe destacar que esse aumento, de alunos com algum tipo de necessidade especial no ensino médio, foi 33.2%. Portanto, o número de PCD concluindo o nível superior vem aumentando progressivamente. Surpreendentemente a porcentagem entre os anos de 2004 e 2014 chegou a 518,66%, o qual equivale ao número de 33.377 de pessoas com alguma necessidade especial matriculada.

No início da década de 1990, ocorreu um dos marcos essenciais ao desenvolvimento da metodologia de ensino, uma delas foi a Conferência Mundial Sobre Educação para Todos, na Tailândia, que teve como objetivo a satisfação das necessidades básicas da aprendizagem e todas as crianças das diversas faixas etárias até a idade adulta, de forma a buscar meios e o raio de ação da educação básica proporcionando assim uma boa qualidade e ambiente favorável à aprendizagem do indivíduo. A Declaração de Salamanca, por sua vez, foi aprovada na Espanha no ano de 1994, um documento elaborado na Conferência Mundial Sobre a Educação Especial, que teve como objetivo de fornecer diretrizes básicas para a formação e reforma de política e sistemas educacionais de acordo com o movimento de inclusão social (SANTOS; TELES, 2012).

Essas declarações foram de suma importância, pois em suas proposituras foram implantados o conceito de necessidade educacional especial, incluindo a todos, porém, em destaque a faixa etária das crianças que não estejam conseguindo se beneficiar com a instituição escolar. É necessário ressaltar que um dos reais propósitos da Declaração de Salamanca foi o princípio fundamental da inclusão, fazendo com que todas as crianças aprendam de maneira uniforme, proclamando assim as escolas comuns como meio representativo e integrador ao combate de toda e qualquer atitude discriminatória (UNESCO, 1994).

Em relação a isso, a Declaração de Salamanca:

> O princípio fundamental desta Linha de Ação é de que as escolas devem acolher todas as crianças, independentemente de suas condições físicas, intelectuais, sociais, emocionais, linguísticas ou outras. Devem acolher crianças com deficiência e crianças bem dotadas; crianças que vivem nas ruas e que trabalham; crianças de

populações distantes ou nômades; crianças de minorias linguísticas, étnicos ou culturais e crianças de outros grupos e zonas desfavorecidos ou marginalizados (MINISTÉRIO DAS CIDADES, 1997, p. 17 e 18).

Ainda é de grande importância fazer jus a Convenção da Guatemala, que foi aprovada no ano de 1999 e ratificada no Brasil através da Lei n° 3.956/2001, ao abonar que não existe distinção entre a coletividade, pois todos tem-se o mesmo direito. Segundo as liberdades fundamentais, este mesmo diploma legal também tem uma nítida importância para o contexto educacional pois assiste a eliminação de empecilhos que possam dificultar o acesso ao ensino (OLIVEIRA; SOUZA, 2016).

Em 6 de julho de 2015, foi sancionada a Lei n° 13.146/2015, Lei Brasileira de Inclusão da Pessoa com Deficiência, conhecida como Lei de Inclusão, sendo um marco para a pessoa com deficiência, em meio a suas grandes vantagens e enquadramentos referente a inclusão. Um dos seus principais enquadramentos foi à conceituação de quem é a pessoa com deficiência, dessa forma delimitando e demarcando os passiveis a essa lei e a sua matéria:

> Art. 2° Considera-se pessoa com deficiência aquela que tem impedimento de longo prazo de natureza física, mental, intelectual ou sensorial, o qual, em interação com uma ou mais barreiras, pode obstruir sua participação plena e efetiva na sociedade em igualdade de condições com as demais pessoas.

Os principais objetivos dessa lei, é ao passo de tentar erradicar a descriminalização e o racismo sofridos pelas PCD, instituir a cidadania e um nova vivência a essas pessoas, de forma inclusiva e cooperativa, para que gozem de forma igualitária seus direitos fundamentais e liberdades. É por esses motivos extremamente relevantes, que essa norma é considerada uma grande conquista para esse público no Brasil.

Sendo assim, os instrumentos legais positivados que buscam a garantia ao acesso à educação, devem ser aplicadas de forma desigual entre os desiguais para que possa existir um equilíbrio jurisdicional na educação, pois em razão desta perspectiva de pensamentos, pode-se aplicar a educação como ferramenta inclusiva e transformadora, não só na vida de uma pessoa com necessidades especiais, mas para o mundo de forma geral. Em face disso, poder-se-á desenvolver um convívio social harmônico e inclusivo.

4. As falhas do Estado frente a materialização do direito a educação e como isso afeta a inclusão social da PCD

Como bem apresentado ao longo do artigo, o Estado teve importante papel na inclusão social da PCD através do âmbito educacional, com implementação de normas, leis e medidas de políticas públicas. No entanto, dados e pesquisas mostram que ainda existem diversas brechas e falhas no sistema, que impossibilitam a real garantia e materialização desse direito por parte desses indivíduos. Segundo levantamento na base de dados dos que recebem o Benefício de Prestação Continuada (BPC) na Escola e têm até 18 anos, o país tem cerca de 140 mil crianças e jovens que estão fora da escola devido a deficiência, transtornos de desenvolvimento, autismo e superdotação (AGÊNCIA BRASIL, 2014).

Em primeiro lugar, deve-se atentar, ainda, para a falta de conhecimento desse direito por parte da PCD e da sua família, ocasionada, muitas vezes, pela falta de políticas públicas de conscientização da educação inclusiva e das leis que envolvem esse direito. Assim afirma Keila Chaves, mãe de um adolescente com paralisia cerebral e fundadora do Centro de Apoio a Mães dos Portadores de Eficiência – Campe:

> Não sabíamos que a educação era um direito. Quando eu chegava na escola atrás de vaga, a resposta era que lá não era lugar para o meu filho, que a escola não estava preparada. Eu até começava a me condenar por buscar isso para ele (*MOVIMENTO DOWN,* 2014, p. 07).

Outrossim, atualmente, é obrigatório que as escolas recebam e matriculem alunos com deficiência, de acordo com o que estabelece a Lei de Diretrizes e Bases da Educação Nacional (Lei n.º 9.934/96), independentemente das condições de infraestrutura ou pedagógica. Contudo, deve-se levar em conta que essas unidades educacionais devem estar munidas de todas as ferramentas essenciais para que se possa garantir educação paritária e de qualidade entre todos, e com segurança. No entanto, não é essa a realidade vista nesses centros, que se encontram sem acessibilidade em meio as condições precárias e defasadas do sistema, que põe em risco a saúde e integridade física das PCD.

Segundo Barros (2010), a Associação Brasileira de Normas Técnicas formulou normas específicas para acessibilidade, fundamentadas nos referidos instrumentos jurídicos, que vêm apoiar a execução de projetos que objetivem a realização de intervenções arquitetônicas urbanísticas e nos meios de transportes, por parte dos diferentes agentes políticos da sociedade. Embora, se tenha formulação de técnicas arquitetônicas para acessibilidade, isso ainda não está integralmente garantido nos âmbitos educacionais, como acessos adequados com rampas, banheiros apropriados, refeitórios, quadras esportivas e principalmente salas. Dessa forma, o aluno com deficiência irá enfrentar situações diárias vexatórias que põe em risco sua dignidade humana.

De acordo com o Ministério das Cidades (2007), acessibilidade assume a conotação de um indivíduo movimentar-se e atingir um destino almejado, dentro de suas capacidades individuais, isto é, realizar qualquer movimentação ou deslocamento por seus próprios meios, com total autonomia e em condições seguras, mesmo que para isso precise de aparelhos específicos. Nesse sentido, a acessibilidade é antes de tudo, uma medida de inclusão social. É nítida a diferença existente entre uma PCD e um que não seja, advinda de suas limitações, mas que precisam dentro dessas barreiras vencê-las para que se possa ter uma vida "normal". E ao se envolver em um instituto que em tese iria lhe propiciar essa normalidade, frustrasse ao ser é mais limitado ainda, por falta de instrumentos que são direitos especiais a eles, mas que não são garantidos pelo estado (MIRANDA; GALVÃO FILHO, 2012).

Conforme dados do Censo Escolar da Educação Básica (2017), o índice de inclusão de pessoas com deficiência em classes regulares, o que é recomendado, passou de 85,5% em 2013 para 90,9% em 2017. A maior parte dos alunos com deficiência, no entanto, não tem acesso ao atendimento educacional especializado. Somente 40,1% conseguem utilizar o serviço. Então, do que adianta ter uma "inclusão" apenas de "fachada" com matrículas, mas, na realidade, uma exclusão dentro do próprio sistema, levando a criança ou o jovem a uma situação discriminatória e de menosprezo. Em relação a isso, Levy vai dizer que:

> O avanço das tecnologias, do acesso a informações, e aos espaços físicos têm sido muitas vezes fatores excludentes para um número cada vez mais significativo de sujeitos com necessidades especiais. Assim, por problemas acarretados por limitações físicas, cognitivas ou até mesmo pela incompatibilidade de interfaces tecnológicas, estruturais e pedagógicas, essas pessoas têm sido impossibilitadas de participar dos diferentes espaços, dificultando assim seu desenvolvimento sócio cognitivo. A apropriação desse princípio

passa pela tomada de consciência de que todos os indivíduos humanos são inteligentes por possuírem um conjunto de capacidades para perceber, aprender, imaginar e raciocinar (LÉVY, 1996, p. 04).

Assim, são necessários novos projetos de arquitetura para adequar as escolas, que pelo fato de serem antigas e ainda não possuem e não possuíram esses planos arquitetônicos remotos de acessibilidade, possam receber com qualidade os alunos com deficiência. Por exemplo, projetos que visem rampas, pisos, portas alargadas, sanitários e elevadores adaptados, dentre outros. Ademais, **o preconceito e a discriminação ainda são barreiras para as pessoas com deficiência e criam grandes obstáculos ao acesso à educação. Sendo, ainda possível isso na maioria das vezes pela falta de políticas públicas de conscientização as diferenças dentro dessas próprias instituições. Fazendo assim com que, as crianças e jovens que compartilham aquele espaço com as PCD, entendam que as diferenças existem mas que o respeito e a empatia deve prevalecer sobre o próximo em suas relações** (MANTOAN, **2003**).

Por fim, mas não menos importante, é importante tratar sobre a falta de qualificação profissional da equipe pedagógica e dos educadores, sendo uma das principais falhas ainda no que concerne a inclusão das PCD. É de fundamental importância a existência de uma equipe pedagógica especializada, e preparada para a prestação desde cuidados básicos, aos mais complexos a esse público. No entanto, diante da considerável heterogeneidade socioeconômica do país essa prestação tornam se ainda mais complexa, tendo que ser bem estudada por esses profissionais, para que consigam enfrentar as diferenças dos PCDs com harmonia e segurança (NOVA ESCOLA, 2013).

Conforme Ângela Cristina Alciati:

> É preciso preparar os professores para aceitarem essas diferenças individuais das crianças deficientes. Prepará-los para enfrentar suas necessidades individuais e peculiaridades e prepará-las para abandonar os tradicionais "medos" é urgentíssimo, equipando-os com recursos educacionais inovados e com modelos pedagógicos experimentais (ALCIATI, 2011, p. 15).

Porém, observa-se que essas qualificações não são atendidas na maioria das instituições do Brasil, resultando em profissionais não qualificados tanto pedagogicamente quando psicologicamente, para desenvolver atividades especializadas a esse grupo e principalmente sem segrega- lós dos demais. O que é visto, são professores sem diploma superior e com baixo nível de alfabetismo compondo o cenário educacional atual do país (BASSO, 2017).

Segundo o Ibope (2007), 96% dos professores da rede pública se dizem despreparados para a inclusão de alunos especiais e 87% deles nunca receberam nenhum treinamento para isso. Dentre outras dificuldades estão a falta de material didático, e salas superlotadas, impedindo o real aprendizado e interação cognitiva entre alunos e professores.

Partindo para um âmbito mas complexo e especifico, a preocupação estatal não seria somente com os profissionais de interação direta (educadores) com as PCD, mas também com os indiretos, desde o porteiro ao auxiliar de serviços gerais, pois, corriqueiramente terão contatos com esse público, mesmo que de forma efêmera, e devendo saber como agir. Assim, fica nítido que, com investimentos no campo de pesquisas para aprofundamentos acerca das diversas espécies de deficiências poderão ser produzidas capacitações satisfatórias aos profissionais da educação, desencadeando a melhoria inclusiva das PCD. Como também, a organização de concursos públicos como regras especifica de qualificação a profissionais preparados para lhe darem com essas crianças e jovens.

5. Considerações Finais

O presente artigo teve por fim discutir algumas questões de relevante valor social e moral, qual seja, a educação como direito coletivo de grande importância na vida das pessoas com deficiência, que vai além do conhecimento técnico e cognitivo, abrangendo sua inclusão social e transformando sua vivência humana. Para tanto, foi necessário englobar a natureza político-pedagógico desse tema, com apresentação do Estado como polo ativo dessa garantia educacional, que, no entanto, sofre com uma realidade ainda caótica.

Em meio a isso, buscou-se investigar quais as principais falhas do Estado em relação à materialização desse direito, especialmente quanto a inclusão da pessoa com deficiência na coletividade. Ante o exposto, foi possível concluir que ainda existem PCD e familiares que não sabem da existência ou da abrangência do direito à educação, haja vista que faltam políticas públicas voltadas para a efetivação dessa norma. Portanto, é importante que as unidades educacionais estejam munidas com todas as ferramentas essenciais para que se possa garantir educação paritária e de qualidade entre todos, e com segurança.

No entanto, constatou-se que a realidade é totalmente diferente nos centros de ensino, que se encontram em condições precárias e defasadas, o que põe em risco a saúde e a integridade física das PCD. Além disso, destaca-se, ainda, a falta de adaptações em instituições mais arcaicas, bem como a ausência de um atendimento educacional especializado, para que seja fornecida uma educação regular para todos, o que revela a falta de qualificação profissional da equipe pedagógica e dos educadores.

O que se observa, na atualidade, são professores sem diploma superior e com baixo nível de alfabetismo compondo o cenário educacional do país. Desse modo, é importante destacar a necessidade de profissionais qualificados, tanto pedagogicamente quanto psicologicamente, para desenvolver atividades especializadas com esse grupo, de modo a não segregá-los dos demais. Ou seja, é necessário que o governo esteja disposto a investir e fiscalizar os centros de ensino, de modo a efetivar os direitos e, consequente, inclusão das pessoas com deficiência na coletividade.

Referências

AGÊNCIA BRASIL. Cresce o número de estudantes com necessidades especiais, 2019. Disponível em: https://agenciabrasil.ebc.com.br/educacao/noticia/2019-01/cresce-o-numero-de-estudantes-com-necessidades-especiais. Acesso em: 13 de Mai. 2020.

ALKIMIN, Maria Aparecida; NASCIMENTO, Grasiele Augusta Ferreira. Bullying nas escolas de acordo com o código civil e com o estatuto da criança e do adolescente. Campinas: Alínea, 2012.

ARISTÓTELES. Política. São Paulo, SP: Martin Claret, 2007.

BASSO, M. **Professores sem qualificação fazem parte da realidade educacional brasileira.** Disponível em: https://www.gazetadopovo.com.br/educacao/professores-sem-qualificacao-fazem-parte-da-realidade-educacional-brasileira-ech6r94m2t7t648hjmzz4vcou/. Acesso em: 13 de Mai. 2020.

BAUMAN, Zygmunt. **Tempos líquidos**. Tradução de Carlos Alberto Medeiros. Rio de Janeiro: Jorge Zahar, 2007.

BRASIL. **Constituição Da República Federativa Do Brasil De 1988.** Disponível em: http://www.planalto.gov.br/ccivil_03/constituicao/constituica o.htm

Acesso em: 15 abril. 2020.

__________. Política Nacional de Educação Especial na Perspectiva da Educação Inclusiva: Grupo de trabalho da política nacional de educação especial. Brasília: Ministério da Educação, 2008.

__________. **Lei Nº 13.146, De 6 De Julho De 2015**. Institui a Lei Brasileira de Inclusão da Pessoa com Deficiência (Estatuto da Pessoa com Deficiência). Disponível em: http://www.planalto.gov.br/ccivil_03/_ato2015-2018/2015/lei/l13146.htm. Acesso em: 22 mar.2020.

__________. **Lei nº 8.069, de 13 de julho de 1990.** Estatuto da Criança e do Adolescente no Brasil. Disponível em: http://www.planalto.gov.br/ccivil_03/leis/l8069.htm. Acesso em: 5 de Mai. 2020.

__________. **Lei nº 5.692, de 11 de agosto de 1971.** Lei de Diretrizes e Bases da Educação Nacional. Brasília: Ministério da Educação, 1971.

BRASIL ACESSÍVEL. **Construindo a cidade acessível.** – 1ª ed. Brasília: Ministério das Cidades, 2006.

DA COSTA, V. B. **Olhares docentes sobre a inclusão escolar:** Inclusão escolar do estudante com deficiência na escola comum. 2012. Tese de Doutorado (apresentada ao programa de pós-graduação em Educação especial) – Centro de Educação e Ciências humanas da Universidade Federal de São Carlos, São Paulo, 2012.

DOS SANTOS, I. A. **Educação para a diversidade:** uma prática a ser construída na Educação Básica. 2008.

ESTADÃO. **Professor não está preparado para alunos deficientes,** 2007. Disponível em: https://emais.estadao.com.br/noticias/geral,professor-nao-esta-preparado-para-alunos-deficientes,89153. Acesso em: 15 mai. 2020.

FLEURI, R. M. (Org.). **Educação intercultural:** mediações necessárias. Rio de Janeiro: DP&A, 2003.

JÚNIOR, M. C. M. L. **As Primeiras Ações e Organizações Voltadas para as Pessoas com Deficiência.** Bengala Legal, 2011. Disponível em: http://www.bengalalegal.com/asprimeiras-historia-pcd. Acesso em: 07 mai. 2020.

LANNA JÚNIOR, M. C. M. (Comp.). **História do movimento político das pessoas com deficiência no Brasil.** Brasília: Secretaria de Direitos Humanos. Secretaria Nacional de Promoção dos Direitos da Pessoa com Deficiência, 2010.

LÉVY, P. **O Que é Virtual?** Rio de Janeiro: Editora 34, 1996.

MOVIMENTO DOWN Escola para todos. **Educação Inclusiva:** O que os pais precisam saber? Rio de Janeiro, 2014. Disponível em: http://www.movimentodown.org.br/educacao/escola-para-todos/ Acesso em: 05 mai. 2020.

MANTOAN, M. T. E. **Inclusão Escolar:** O que é? Por quê? Como fazer? São Paulo: Moderna, 2003.

MINISTÉRIO DAS CIDADES. **Plano Diretor Participativo:** Guia para elaboração pelos municípios e cidadãos. Brasília, 2014.

NOVA ESCOLA. **Educação Inclusiva:** Desafios da formação e da atuação em sala de aula, 2013. Disponível em: https://novaescola.org.br/conteudo/588/educacao-inclusiva-desafios-da-formacao-e-da-atuacao-em-sala-de-aula. Acesso em: 08 de Mai. 2020.

OLIVEIRA, S. C.; SOUZA, F. Conhecendo os Direitos Educacionais da Pessoa com Deficiência. 2016. Disponível em: http://www.uniedu.sed.sc.gov.br/wp-content/uploads/2016/02/Sandra-Cristina-de-Oliveira.pdf. Acesso em: 15 mai. 2020.

ONU. **Declaração de Salamanca:** sobre Princípios, políticas e práticas na Área das Necessidades Educativas Especiais, 1994. Disponível em: http://portal.mec.gov.br/seesp/arquivos/pdf/salamanca.pdf. Acesso em: 15 de Abril. 2020.

SANTOS, A. R.; TELES, M. M. Declaração de Salamanca e educação inclusiva. 2012. Disponível em: http://geces.com.br/simposio/anais/anais-2012/Anais-077-087.pdf. Acesso em: 07 mai. 2020.

SASSAKI, R. K. Causa, impedimento, deficiência e incapacidade, segundo a inclusão. Revista Reação, São Paulo, ano XIV, n. 87, jul./ago. 2012, p. 14-16.

WARSCHAUER, Mark. Tecnologia e inclusão social: A exclusão digital em debate. São Paulo: Editora Senac São Paulo, 2006.

Responsabilidade civil dos pais em casos de abandono efetivo do menor

Erika de Sousa Lopes[1]
Maria Cristina Martins do Nascimento[2]

1. Introdução

É dever da família o cuidado com a criança e adolescente no processo de desenvolvimento destes, merecendo atenção principalmente na efetivação dos direitos fundamentais dos filhos, sendo a família a principal responsável pelo cuidado, respeito e educação deles. Contudo, nem sempre os genitores convivem de forma harmoniosa, ocorrendo muitas o fim do relacionamento e, com isso, uma acirrada disputa para decidir a guarda dos filhos. É dentro desse contexto, também, que surge o chamado abandono afetivo.

O abandono afetivo pode ser definido como o descumprimento, sem nenhum fundamento, do dever de cuidado, assistência moral, guarda e educação ou a recusa no reconhecimento da paternidade da criança. Isto é, o desinteresse e a omissão de um dos genitores no que se refere a assistência afetiva ao filho. No que concerne às consequências desse ato, em primeiro lugar, destaca-se uma sobrecarga na figura de um dos genitores, comumente a pessoa responsável pela guarda: a mãe. Dessa forma, a genitora termina desempenhando uma dupla função nesse cenário, sendo o abando afetivo resultado desse processo.

Nesse aspecto, surge o seguinte questionamento: qual a responsabilidade civil dos pais no que concerne ao abandono afetivo dos filhos? Inicialmente, é importante destacar que a família, tão atingida pelas mudanças que essa nova ordem impôs, é alvo permanente dessas questões. Há um certo clamor para que se tenha uma responsabilização dos pais para com os seus filhos quando em relação ao abandono afetivo, isto é, as possíveis consequências

---

[1] Graduanda do Curso de Direito da Faculdade de Ciências Humanas do Sertão Central – Fachusc.
[2] Graduanda do Curso de Direito da Faculdade de Ciências Humanas do Sertão Central – Fachusc.

jurídicas geradas a partir da omissão dos genitores no desenvolvimento mental e moral da criança, enquanto sujeito de direitos e deveres na sociedade.

Sendo assim, o objetivo geral deste trabalho foi analisar as questões que envolvem o abandono afetivo no âmbito do direito e suas principais causas. Já de forma específica, pretendeu-se: apresentar a importância da família e os deveres dela no âmbito social; dissertar sobre o abandono afetivo do menor e as consequências para este decorrentes desse ato; e, por fim, analisar a atual sistemática do poder judiciário no que tange a responsabilidade civil dos pais, em relação a seus filhos. Logo, o presente trabalho pretende ajudar para a pesquisa de um assunto complexo e que produz discussões na sociedade, contribuindo com o crescimento de aprofundamento nesse tema.

Por fim, no que tange a metodologia, a pesquisa pode ser classificada com exploratória-descritiva, haja vista que visa abordar a presente temática, aprofundando os conhecimentos acerca dela e descrevendo as consequências do abandono afetivo para o menor, bem como a responsabilidade civil dos pais em relação a isso. Ademais, como procedimento metodológico, esse artigo utilizou o levantamento bibliográfico, isto é, um estudo a partir da análise de doutrinas, artigos científicos e monografias, a respeito desta temática pouco discutida pela sociedade.

2. A importância e o dever da família no âmbito social

O conceito tradicional de família é marcado pelo modelo patriarcal, pautado pela dominação do homem na sociedade, assim esse era o responsável primordial do sustento do lar (MILLET, 1970). Assim, ao longo dos anos, refere-se a figura dele como principal alicerce do sustento do núcleo familiar foi solidificada, sendo essa figura perpetuada por vários países e culturas. Para além de estar pautado pela ideia de dominação do homem, como cabeça do casal e da família, esse modelo pregava a condição subalterna da mulher.

Até o século XX, o conceito de família era compreendido como um núcleo formado por um homem e uma mulher, com o objetivo de reproduzir e com fim econômico para ambos. Nesse ínterim, eram necessários um genitor e uma genitora, em que o primeiro detinha o poder e era responsável pelo sustento econômico e das regras na família, sobrando para a segunda as tarefas domésticas e a atribuição da reprodução (RODRIGUES, 2017).

O modelo tradicional pode ser visualizado com a leitura do Código Civil de 1916, que no seu art. 380 previa que, durante o casamento, o pátrio poder era conferido aos pais, exercendo o marido com a colaboração da mulher. Assim, a mãe exercia somente a cooperação, em conjunto com o marido, não possuindo poder sobre os próprios filhos. Isto é, o domínio é exclusivo do chefe da casa, detendo a mulher esse poder apenas quando o esposo não estava.

Contudo, o sistema normativo jurídico passou por transformações que trouxeram uma nova percepção de família, especialmente quanto ao respeito pela realização individual. Dessa forma, a Constituição Federal de 1988 trouxe como inovação um novo conceito, previsto no seu art. 226, que reconhece a família como núcleo central da sociedade e prevê a união estável como entidade familiar, reconhecendo, ainda, a família monoparental, aquela que é formada por somente um dos progenitores e a prole. Além disso, configura a união entre pessoas do mesmo sexo formada por casais homoafetivos.

Na sociedade contemporânea, conceitos, proteções e configurações foram construindo o que nos dias atuais se entende como família. Logo, essa, que antes era considerada uma instituição regida por configurações rígidas, tornou-se baseada na diversidade e pluralidade (RODRIGUES, 2017). Segundo Calderón (2017, p. 12): "[...] as relações familiares e sociais acompanham a caminhada contínua e da própria sociedade em que estão inseridas, sendo influenciadas pelo espectro cultura a qual pertencem".

Essas modificações não são uma característica da coletividade vigente, mas se percebe com mais facilidade a busca pelo novo. A sociedade consumerista, assume essa característica no núcleo familiar, diante do desejo de renovação, sendo assim, ocorre a sensação de insegurança que advém da liberdade. As relações possuem maior fragilidade, pois o medo que se tinha com o "até que a morte nos separe" faz com que os cidadãos busquem relações sem compromisso. Consequentemente, os laços podem ser desfeitos e ambos podem procurar uma nova relação (RODRIGUES, 2017).

Essa nova característica se torna fácil quando a relação, namoro ou matrimônio não teve como resultado a geração de filhos. Porém, quando a relação resulta nisso, o final do capítulo é alterado, considerando que há um elo para sempre entre aquele ex-casal. A criação das famílias, em lugares conturbados de sentimentos, origina situações que causam dor, sofrimento psicológico e tristeza, que atinge mais facilmente os filhos. Portanto, muitas vezes ocorre o abandono naquele núcleo familiar (RODRIGUES, 2017).

Nesse ínterim, o Código Civil, em seu art. 1634, descreve os direitos e deveres que concerne aos progenitores, por meio de nove incisos. De acordo com Venosa (2004), cabe aos pais o encargo de alimentar, vestir, educar, fazer parte do seu processo de desenvolvimento e cuidar quando tenha alguma enfermidade. Ou seja, a princípio, caberá aos genitores prover a educação e formação dos seus filhos, o que será essencial para a convivência desses em comunidade.

Nesse aspecto, Negreiros (2010) vai dizer que é de responsabilidade dos pais transformar seus filhos essenciais a comunidade, tendo condutas primordiais para o desenvolvimento do menor. No entanto, caso deixem de cumprir essa obrigação, os pais serão subordinados a punições pelos crimes de abandono, previsto pelo Código Penal, no seu art. 246. Nessa perspectiva, tanto a Constituição Federal quanto o Código Civil tratarão sobre o assunto.

A Lei de Diretrizes e Bases da Educação Nacional é um exemplo prático disso no país, pois antecipa que o processo de educação não é exclusivamente das instituições de ensino, mas também o convívio diário em sociedade e em família (SOUZA, 2011). No que concerne especificamente ao menor, tem-se que a legislação exerce, nessa perspectiva, a proteção da criança e do adolescente, esse vai ser o papel da Lei nº 8.069/90, mais conhecida Estatuto da Criança e do Adolescente – ECA.

Conforme a aludida lei, é dever da família, da sociedade e do Estado a garantia de direitos fundamentais do menor, entre esses, os direitos políticos, civis e culturais, que são tratados como indivisíveis e interdependentes. Ademais, aos genitores é dever conceber o crescimento dos filhos de forma a garantir todos os elementos necessários para o desenvolvimento destes, com prisma aos direitos referentes a vida, saúde, alimentação, educação, disposto no art. 4º do ECA (VARGAS, 2015).

A Constituição Federal, em consonância com o ECA e a Convenção dos Direitos da Criança, irá destacar em seu art. 227 o princípio da cooperação, ou seja, da necessária participação da família, do Estado e da sociedade nesse processo. Portanto, qualquer advertência e desrespeito aos direitos infanto-juvenis irá envolver a atuação do núcleo familiar, da comunidade e do Estado na situação de conflito, isto é, a responsabilidade não é mais só de uma instituição, mas das três, que possuem o mesmo dever (SANTOS, 2009).

O art. 7° do Estatuto da Criança e do Adolescente instaura, entre os direitos fundamentais do menor, o direito ao crescimento com saúde e harmonia, além de garantir o direito a um nascimento saudável, impondo ao Estado a obrigação de oferecer serviços públicos que possibilitem isso. Além disso, terá a família o dever de criação e educação deste, devendo zelar para que este não exerça atividades ilícitas ou que sejam proibidas por lei, a exemplo do trabalho noturno, insalubre e perigoso (art. 7°, XXXIII da Constituição Federal de 1988). Logo, cabe aos pais o dever de educar e cuidar dos filhos, em um ambiente saudável, harmonioso com dedicação e amor.

3. Do abandono afetivo e das suas consequencias para o desenvolvimento do menor

O abandono afetivo consiste na omissão de cuidado, de criação, de educação, de companhia e de assistência moral, psíquica e social que o pai ou a mãe devem ao filho quando criança ou adolescente (COSTA, 2015). As relações familiares constituídas através de laços de afetividade representam a base da sociedade, pois é por meio do afeto que se dá sentido à existência humana, que se aprende a respeitar o outro e que se desenvolve o caráter.

A ausência destes elementos na criação dos filhos produz sequelas emocionais que podem comprometer o desenvolvimento da índole do menor e o adolescente, da mesma forma que, a capacidade deste vir no futuro a constituir uma base familiar regrada pelo afeto, inclusive em relação a seus próprios filhos. **O rompimento dos vínculos e do envolvimento do carinho,** igualmente a falta de convivência dentre progenitores e a sua prole, podendo causar consequências mentais que comprometeriam o avanço sadio da criança.

A angústia do filho desamparado ocasiona déficit no que diz respeito a sua conduta, fazendo a criança afastar-se do contato com outros indivíduos, apresentando adversidade escolar, esgotamento, estresse, angústia, além de que, problemas relacionados a saúde. Neste contexto, destaca-se o abandono, condição em que um dos pais deixa de manter com o descendente convivência, não lhe prestando os devidos cuidados, e negando-lhe o afeto e o carinho. O descaso possui como resultado diversos problemas psicológicos como angústias, timidez, fracasso escolar, agressividade, comportamentos antissociais (KRIEGER, 2015).

No que tange a Freud, no extenso intervalo dos primeiros anos, o qual o menor reside na submissão, eles os genitores concedem, a título de patrimônio integralmente o induzimento fraterno. Encontra-se essa persuasão parental, oriundo, abrange em suas ações, não apenas, as particularidades dos genitores, inclusive o núcleo familiar, os costumes étnicos e locais que, através deles foram ensinados, além das imposições no convívio em sociedade (BLOG TERAPIA DE BOLSO, 2018).

Mediante a perspectiva judicial de que a afeição é opcional, mas, cuidar é um dever, tem-se que o dever dos progenitores não se delimita exclusivamente a nutrição, entretanto como a responsabilidade de proporcionar o crescimento saudável. Não está em discussão o amor, daí a grande importância de uma relação sólida entre a família que possui um menor. Pode-se analisar que o afeto é um cuidado fundamental para uma criança, pois é impossível mensurar o amor, porém é possível verificar o cumprimento e descumprimento da obrigação judicial de cuidar e zelar do menor.

Os psicanalistas, na investigação e interpretação da vida mental, revelaram no adulto a influência de sua infância; na criança, a influência de sua primeira infância; no bebê, a influência dos pais e, finalmente, revelaram que estas influências passam consciente e inconscientemente de geração em geração. Existe um passado de relacionamentos que se somam no presente da vida, moldando a forma como as pessoas interpretam o mundo (KASPER, 2015).

Diversos são os estudos promovidos no sentido de comprovar os prejuízos psíquicos e clínicos em crianças descuidados pelos progenitores. É percebido nos estudos que, em muitos casos, a lacuna deixada pela ausência deles, ou de um deles (na maioria das vezes, o genitor), é preenchido por outras figuras presentes na vida do menor. Os danos de ordem psíquica ou moral vão depender de cada situação, da vulnerabilidade de cada um, da idade, da participação do outro genitor, bem como do ambiente em que vive a criança, entre outros fatores (BICCA, 2015).

Os principais traumas de infância que podem perdurar na fase adulta são: sentimento de abandono e de humilhação, sentimento de inutilidade, ter confiança quebrada e sofrer rejeição. A rejeição acarreta, muitas vezes, outros traumas à infância, trazendo problemas de autoestima na vida adulta, fazendo com que o indivíduo se sinta menor perante os outros. (Jus Brasil). É importante dizer que vários estudos científicos já foram realizados com o intuito de ratificar e detalhar os eventuais danos sofridos por menores negligenciados afetivamente.

Esses estudos foram realizados em bebês, crianças e adolescentes que sofreram com o abandono, sendo desenvolvidas várias teorias, entre elas prevaleceu a Teoria de Melvin Lewis, professor de psiquiatria infantil. Melvin ensinou que os pais são modelos e guias, possuindo um papel de centralidade na estruturação de uma personalidade sadia, capaz de controlar impulsos e comportamentos, cuja ausência ou disfunção severa pode acarretar abalo na personalidade (LEWIS, 1995).

Lewis (1995) chegou à conclusão que a inibição do crescimento de um indivíduo está diretamente ligada à indisponibilidade ou falhas no fornecimento das necessidades afetivas na fase inicial de idade do bebê. Segundo ele, as experiências clínicas realizadas estão repletas de exemplos que podem comprovar esses danos, como exemplos de consequências de privações e separações que foram traumáticas, descritas por atrasos, síndromes ou transtornos e que distúrbios como os de pouca expressividade emocional, dificuldade em reconhecer prazer e alegria, falta de capacidade em lidar com desafios, atinge as crianças que foram rejeitas afetivamente.

O direito ao afeto nas relações familiares pode ser extraído de diversos textos legais do nosso ordenamento jurídico, como já demonstrado anteriormente. O fenômeno dele o abandono seria então, o descumprimento injustificado da obrigação da afetividade que deveria ser assegurado por outrem. Dessa forma, Silva afirma que:

> Trata-se, em suma, da recusa de uma das funções paternas, sem qualquer motivação, que agride e violenta o menor, comprometendo seriamente seu desenvolvimento e sua formação psíquica, afetiva e moral, trazendo-lhe dor imensurável, além de impor-lhe ao vexame, sofrimento, humilhação social, que, ainda, interfere intensamente em seu comportamento, causa-lhe angústia, aflições e desequilíbrio em seu bem estar. Mesmo sendo menor, já estão tuteladas a honra e moral, posto ser um sujeito de direito e, como tal, não pode existir como cidadão sem uma estrutura familiar na qual não há a assunção do verdadeiro 'papel de pai'" (SILVA,

2005, p.141).

O vínculo que ocorre entre genitores e os filhos se verifica mediante uma manifestação de desejo dos progenitores. O Sistema Normativo, ao consentir a organização da família, provem e apresenta a responsabilidade civil dos progenitores com os menores, no que concerne a princípios e regras. Desse modo, cabe aos pais prover os menores até completarem a maioridade. Logo, é muito importante o cuidado dos genitores por meio da criação, percebendo que a falta de amor evidencia o distanciamento e a indiferença do núcleo familiar.

4. Atual sistemática do poder judiciário no que tange a responsabilidade civil dos pais

Em primeiro lugar, é necessário ressaltar no que concerne, a respeito da existência da responsabilidade civil no direito de família, já que em tempos passados estes assuntos eram previsto por dois setores que não se ligavam, visto que, respectivamente, um detinha sua perspectiva no patrimônio e o outro no extrapatrimonial. Desse modo, juristas e professores compreendiam pela inviabilidade do reparo, por se tratar de uma relação que está carregada de interesses pessoais e sentimentos, por essa razão sendo incalculáveis e não conciliáveis com os bens materiais (CUNHA, 2017).

Contudo, com o progresso da coletividade, a reparação introduziu o rol dos direitos existenciais, sendo substituída pela posição da instituição e pela distribuição do núcleo familiar, a qual está fundamentada nos direitos fundamentais e a isonomia entre os integrantes. Dessa forma, diante do panorama, surge atuais debates para serem aprofundados, cujo anteriormente continuavam escondidos pela subordinação particular. Por conseguinte, surgiu a obrigação de corroborar com a nova associação familiar, unindo o direito de família e a responsabilidade civil, pois o direito de família sozinho tornou-se limitado à preservação do acolhimento dos componentes (CUNHA, 2017).

Consonante com os artes. 1.637 e 1.638 do Código Civil, caso os progenitores não encaminhem a formação dos seus filhos da forma prudente, negando as normas do ordenamento constitucional, poderá vir a ser condenado com a dispensa ou a privação do núcleo familiar, visto que, o Direito das Famílias como um todo possui como alicerce a proteção plena do menor e do adolescente, compreendendo que a afetividade paternal constitui importante fundamento para a evolução de seus traços (BRAGA, 2011).

Todavia, o afeto não constitui como sentimento subentendido na composição da Constituição Federal, porém está previsto na Constituição Federal pelo princípio da Dignidade da Pessoa Humana. Sendo assim, todos necessitam do mínimo necessário para viver, consequentemente as crianças necessitam de proteção e supomos dos genitores para seu crescimento e desenvolvimento (SILVA, 2015).

Nesse sentido, é importante falar sobre responsabilidade civil, que consiste numa espécie jurídica decorrente da violação de um preceito civil antecedente, tendo como consequência a exigência do agente responsável, possuindo a obrigação de ressarcir. Nesse caso, a teoria da responsabilidade civil pressupõe como primeiro resultado, diante da prática de algo ilegal, a reparação, destinada a compensar o indivíduo do dano causado, atribuição de cunho particular que será resolvida em prejuízo e lesão (GAGLIANO, 2017).

Por conseguinte, o Código Civil traz expresso em seu art. 186 que: "Aquele que, por ação ou omissão voluntária, negligencia ou imprudência, violar direito e causar dano a outrem, ainda que exclusivamente moral, comete ato ilícito". Autores como Maria Berenice, Katia Maciel, Paulo Lobo e Flávio Tarte compreendem ser admissível o reparo em consequência de dano sofrido em virtude do abandono afetivo. Esta geração embasa seu ponto de vista na desobediência da obrigação do convívio com a família, excluindo um dos pressupostos da filiação paterna que é o afeto (SILVA, 2015).

Convém lembrar que a indenização se refere a responsabilidade civil extracontratual subjetiva, resultante da omissão. A fim de que haja a possibilidade de sua aplicabilidade, é necessário que estejam presentes as exigências elementares desta responsabilidade, prevista pelo Código Civil no seu art. 186, quais sejam: conduta, dano e nexo de causalidade. O dano é apontado como componente da responsabilidade civil, assim, é necessário a comprovação deste (JÚNIOR, 2015).

Para Sergio Cavalieri Filho, o dano é um imenso empecilho, no tocante a Responsabilidade civil, ele define como:

> [...] a lesão a um bem ou interesse juridicamente tutelado, qualquer que seja a sua natureza, quer se trate de um bem patrimonial, quer se trate de um bem integrante da personalidade da vítima, como a sua honra, a imagem, a liberdade etc. Em suma, o dado é lesão de

um bem jurídico, tanto patrimonial como moral, vindo daí a conhecida divisão do dano em patrimonial e moral (CAVALIERI, 2014, p. 39).

O dano possui espécies, podendo ser patrimonial ou moral. O dano patrimonial atinge o patrimônio do cidadão, já o segundo consiste na violação no que diz respeito a intimidade, imagem e honra lesionando a esfera personalíssima os direitos da personalidade (JÚNIOR, 2015). A Constituição Federal de 1988, inovando contribuiu com a dogmática jurídica do direito civil, destaca o ressarcimento do dano como um direito primordial, previsto no artigo 5º, patrimonial ou extrapatrimonial, depois existencial e moral.

A primeira vez que o Superior Tribunal de Justiça – STJ abordou o caso de ressarcimento em decorrência de abandono afetivo ocorreu no Tribunal de Minas Gerais, a criança mantinha relação com genitor até então aos seis anos, em decorrência do nascimento da irmã, resultante de uma nova relação do pai, este parou de relacionar-se com seu filho, somente assistia com a pensão alimentícia, em 20%, neste sentido acreditando que era o suficiente no que se refere ao desenvolvimento do menor, não participando das celebrações exemplo: formatura, aniversário, dentre outras comemorações (LEITE, 2018).

Por sua vez, a criança apresentou uma ação em decorrência de danos morais. Essa ação foi classificada como improcedente em primeiro grau, em segunda instância, no ano de 2004, conforme, a relatoria do desembargador Unias Silva, da 7º Câmara Cível do Tribunal de Alçada de Minas Gerais, admitiu o dano moral e psicológico, produzido ao filho, por meio do abandono afetivo, firmando no valor de 200 (duzentos) salários mínimos. Segue o julgado:

> INDENIZAÇÃO DANOS MORAIS - RELAÇÃO PATERNO - FILIAL - PRINCÍPIO DA DIGNIDADE DA PESSOA HUMANA - PRINCÍPIO DA 40 AFETIVIDADE. A dor sofrida pelo filho, em virtude do abandono paterno, que o privou do direito à convivência, ao amparo afetivo, moral e psíquico, deve ser indenizável, com fulcro no princípio da dignidade da pessoa humana. Deram provimento. (TJMG, Apelação Civil 408.550.54, Rel. Des. Unias Silva).

No caso presente, o genitor, furioso, apelou ao STJ, dado que a aplicabilidade do dano moral somente se dá quando a conduta praticada constitui um ato ilícito, o que não se verificou nesse caso.

Sendo assim, o relator considerou que a perda do Poder Familiar não constitui obrigação de ressarcir. Sendo assim, o acórdão foi emendado:

> RESPONSABILIDADE CIVIL. ABANDONO MORAL. REPARAÇÃO. DANOS MORAIS. IMPOSSIBILIDADE. 1. A indenização por dano moral pressupõe a prática de ato ilícito, não rendendo ensejo à aplicação da norma do art. 159 do CC de 1916 o abandono afetivo, incapaz de reparação pecuniária. 2. Recurso Especial conhecido e provido (Superior Tribunal de Justiça. Recurso Especial 757511, 2005. Relatório do Min. Fernando Gonçalves).

Nesse contexto, em decisão inédita, a Terceira Turma do Superior Tribunal de Justiça no julgamento da Resp. 1159242, em 24 de abril de 2012, obrigou um pai a pagar duzentos mil reais para a filha, em decorrência do abandono afetivo. Tratar-se de indenização por danos morais decorrente da consequente verificação da paternidade, que só aconteceu por meio ordem judicial e não de maneira espontânea pelo genitor, que passou a cumprir e pagar pensão alimentícia. Destarte, nas iniciativas de conexão advindas da filha, o pai recusou demonstrações de afeto ou vontade de se envolver em sua vivência. Todavia, salienta-se que acórdão não se referiu ao coletivo (VIANA, 2017).

Nesse aspecto, cita-se a emenda do aludido acórdão, de relatoria da Ministra Nancy Andrighi:

> CIVIL E PROCESSUAL CIVIL. FAMÍLIA. ABANDONO AFETIVO. COMPENSAÇÃO POR DANO MORAL. POSSIBILIDADE. [...] 3. Comprovar que a imposição legal de cuidar da prole foi descumprida implica em se reconhecer a ocorrência de ilicitude civil, sob a forma de omissão. Isso porque o non facere, que atinge um bem juridicamente tutelado, leia-se, o necessário dever de criação, educação e companhia - de cuidado - importa em vulneração da imposição legal, exsurgindo, daí, a possibilidade de se pleitear compensação por danos morais por abandono psicológico. 4. Apesar das inúmeras hipóteses que minimizam a possibilidade de pleno cuidado de um dos genitores em relação à sua prole, existe um núcleo mínimo de cuidados parentais que, para além do mero cumprimento da lei, garantam aos filhos, ao menos quanto à afetividade, condições para uma adequada formação psicológica e inserção social. 5. A caracterização do abandono afetivo, a existência de excludentes ou, ainda, fatores atenuantes - por demandarem revolvimento de matéria fática - não podem ser objeto de reavaliação na estreita via do recurso especial.

6. A alteração do valor fixado a título de compensação por danos morais é possível, em recurso especial, nas hipóteses em que a quantia estipulada pelo Tribunal de origem revela-se irrisória ou exagerada. 7. Recurso especial parcialmente provido. (STJ, Resp. 1159242 / SP, 3ª Turma, Rel. Min. Nancy Andrighi, julg. 24.04.12, DJe 10.05.12) de acordo com a mesma "amar é faculdade, cuidar é dever". Nas palavras da ministra (ANDRIGHI, 2012): "Aqui não se fala ou se discute o amar e, sim, a imposição biológica e legal de cuidar, que é dever jurídico, corolário da liberdade das pessoas de gerarem ou adotarem filhos".

Sendo assim, faz-se necessário citar o Projeto de Lei nº 3.212/2015, que apresenta como dever dos pais a instrução, o desenvolvimento e o amparo do seu filho, inclusive, concedem aos progenitores a atividade de contato e contribuição material e integridade. Por conseguinte, essa vertente irá ser incluído nas resoluções de destituição de tutela e de interrupção ou do prestigio da família. O projeto consentido pelo Senado, estabelece que o genitor ou genitora que se abster de conceder amparo emocional as crianças, por meio do convívio ou visita regular, poderá renumerar uma indenização através do dano moral, sendo que está em estudo na Câmara dos Deputados (LEITE, 2018).

Portanto, a configuração da intenção do instituto responsabilização civil pelo abandono afetivo deverá ser analisada em cada situação, merecendo um estudo detalhado por intermédio do juiz, ocasionando a transgressão dos pais do cuidado e proteção da prole.

5. Considerações Finais

A família foi o instituto que mais se modificou ao longo dos anos. Inicialmente, marcada pelo patriarcalismo e a submissão da mulher, sendo esse modelo difundido ao longo da história. No entanto, no século XX, muitas transformações ocorreram pautadas na Constituição Federal de 1988, a partir da qual a família se tornou alicerce da sociedade, sendo reconhecida, ainda, as famílias monoparentais. Dentro desse contexto, surge o abandono afetivo, que ocorre um dos genitores, com maior incidência o pai, viola a responsabilidade do afeto e do zelo para com seus filhos, o qual estão legalmente obrigados.

É necessário salientar que, o abandono afetivo ocorre nos núcleos familiares em que não há convívio entre os pais, o abandono aqui exposto é aquele que ocorre quando o genitor deixa de fazer qualquer dos deveres de cuidado e afeto, deixando de oferecer a assistência necessária ao desenvolvimento do filho, seja de caráter psicológico, moral, ou afetivo. Isso pode ocasionar danos na personalidade da criança ou do adolescente, podendo desenvolver consequências negativas quando este tornar um adulto, ou seja, o abandono prejudica o seu desenvolvimento

Conforme já abordado, o dever dos pais de protegerem os filhos está previsto tanto na Constituição Federal da República de 1988 quanto no Estatuto da Criança e do Adolescente, sejam crianças ou adolescentes. É importante salientar que aludida obrigação vai englobar, principalmente, o direito destes a convivência familiar. Por sua vez, o prejuízo causado ao menor pela falta de afeto, visto que ele se encontra em desenvolvimento, não é somente físico, mas, também psicológico, trazendo, portanto, traumas e distúrbios para a criança ou adolescente.

Nesse contexto, surge a responsabilidade civil, que consiste na aplicação de medidas que obriguem alguém a reparar o dano causado a outrem, em razão de sua ação ou omissão, sendo necessário que existam os elementos: conduta, dano e uma relação com o nexo de causalidade. Desse modo, salienta-se que inexiste legislação específica sobre o assunto, o que prejudica o desenvolvimento do tema no judiciário.

Em face disso, os julgados tem demonstrado entendimentos bastantes divergentes e pouco favoráveis, quanto a concessão de dano moral nos casos de abandono afetivo, não há entendimento majoritário sobre o assunto. Destaca-se o julgado Resp. 1159242-SP, o qual possuiu como relatora a Ministra Nancy Andrighi, que resguardou a perspectiva de ressarcimento, perante o abandono afetivo sendo esse até o hoje, o único julgado que concebeu a indenização, no caso de abandono afetivo.

Referências

BICCA, Charles. **Abandono afetivo.** Editora: Charles Bicca.2015.

BLOG TERAPIA DE BOLSO. **Abandono afetivo:** Psicóloga explica os danos para formação da criança, 2018. Disponível em: https://blog.terapiadebolso.com.br/abandono-afetivo-psicologa-explica-os-danos-para-formacao-da-crianca.   Acesso em :15 abri. 2020.

BRAGA, Denise Menezes. **Responsabilidade por Abandono Afetivo.** 2011. Monografia (Especialização em Direito de Família Registros Públicos e Sucessões). UECE, Fortaleza,2011

BRASIL. **Constituição da República Federativa do Brasil de 1988.** Brasília, DF: Presidência da República, 2020. Disponível em: http://www. planalto.gov.br\constituição. Acesso em: 18 abr. 2020.

________. Superior Tribunal de Justiça. (3. Turma) Recurso especial parcialmente provido **Resp. 1159242/SP.** Abando no afetivo. Relatora: Ministra Nancy Andrei, 24/04/2012.Disponível: https://www.buscadordizerodireito.com.br/jurisprudencia/det alhes/b571ecea16a9824023ee1af16897a582. Acesso em: 15 mai. 2020.

________. Tribunal de Justiça do Estado de Minas Gerais. **Apelação cível.408.550.54,** Indenização danos morais. Relator: Desembargador Unias Silva,01/04/2004. Disponível em: https://www5.tjmg.jus.br/jurisprudencia/pesquisaNumeroCNJ EspelhoAcordao.do;jsessionid=8255F44FE2C3E51813EFC6D 530302DD4.juri_node2?numeroRegistro=1&totalLinhas. Acesso em: 16 mai. 2020.

________. Superior Tribunal de Justiça. **Recurso especial conhecido e provido Resp. 757511, 2005.** Responsabilidade civil. Impossibilidade. Relator: Ministro Fernando Gonçalves, 29/11/2005. Disponível em: stj.jusbrasil.com.br/jurisprudencia/7169991/recurso-especial-resp-757411-mg-2005-0085464-3/inteiro-teor-12899597. Acesso em: 13 mai. 2020.

________. **Lei 3.071, de 1 de janeiro de 1916.** Código Civil dos Estados Unidos do Brasil. Brasília, DF. 1916.Disponível em: http:planalto.gov.br/ccivil_03/LEIS/L3071. Acesso em: 14 abr. 2020.

________. **Lei 10.406, de 10 de janeiro de 2020.** Institui o Código Civil. Brasília, DF. 2002.Disponível em http:BARRAwww. planalto.gov.br\cocivil_03/leis/2002/L10406compilada.htm. Acesso em: 16 abr. 2020.

________. **Lei nº 8.069, de 13 de julho de 1990.** Dispõe sobre o Estatuto da criança e do adolescente-ECA. Brasília, DF.

Disponível em: http://www.planalto.gov.br/ccivil_03/leis/l8069.htm. Acesso em: 17 abr. 2020.

________. **Lei nº 9.394, de 20 de dezembro de 1990**. Dispõe sobre a Lei de Diretrizes e Bases da Educação Nacional. Brasília, DF. Disponível em: http://www.planalto.gov.br/ccivil_03/leis/l9394.htm. Acesso em: 18 abr. 2020.

CALDERÓN, Ricardo Lucas. **Princípio da Afetividade no direito de Família**. Rio de Janeiro: Forense, 2017.

COSTA, Grace. **Abandono afetivo:** indenização por dano moral. Editora: Empório do Direito. 2015.

CUNHA, Maria Bezerra. **Abandono Afetivo:** A Possibilidade de Reparação Pecuniária em Face da Omissão do Dever do Cuidado. Monografia (Graduação em Direito) -UNICEUB, Brasília, 2017.

GAGLIANO, Pablo Stolze. **Responsabilidade Civil 3**. São Paulo: Saraiva, 2017.

https://jus.com.br/artigos/75749/*osreflexosdoabandonoafetivoealienacao parental*. Acesso em: 17 abr. 2020.

JÚNIOR, Vilmar Guimarães. **Responsabilidade Civil por Abandono Afetivo**. Monografia (Graduação em Direito) - UNICEUB, Brasília, 2015.

KASPER, Bruna Weber; KRIEGER, Mauricio Antonacci. **Consequências do abandono afetivo,** 2015. Disponível em: https://www.paginasdedireito.com.br/index.php/artigos/305-artigos-mai-2015/7137-consequencias-do-abandono-afetivo. Acesso em :15 abr. 2020.

LEITE, Tatiana Helen de Avila. **Responsabilidade Civil por Abandono Afetivo**. Monografia (Graduação em Direito) - UFU, UBERLÂNDIA – MG, 2018.

LEWIS, Melvin. **Tratado de Psiquiatria da Infância e Adolescência**. Tradução Irineo C. S. Ortiz. Artes Médicas. Porto Alegre. 1995.

MILLET, K. **Sexual politics.** New York: Doubleday & Company,

1970.

NEGREIROS, Mabel Elis Bunder de. **Pais e Filhos:** Direito e Deveres.2010.

RODRIGUES, Thallysom Djony Dantas. **O Valor do Afeto:** A Responsabilidade Civil Por Alienação Parental, Abandono Afetivo e a Relação Entre os Fenômenos. 2017.Monografia (Graduação em Direito) -UFRN, Natal, 2017.

SANTOS, Benedito Rodrigues dos; TORRES Abigail Silvestre; NICODEMOS Carlos; DESLANDES Suelly Ferreira. **Desenvolvimento de paradigmas de proteção para crianças e adolescentes brasileiros.** Rio de Janeiro: Editora FIOCRUZ, 2009, pp. 19-65. Disponível em: http://books.scielo.org/id/3svc2/pdf/santos-9788575415962-03.pdf. Acesso em: 25 de abril de 2020.

SILVA, Eduarda Ferreira da. **A questão da responsabilidade civil por abandono afetivo paterno.** Monografia (Graduação em Direito) -UNIRIO, Rio de Janeiro,2015.

SOUZA, Nayane Valente de. **Poder Familiar:** os Limites no Castigo dos Filhos. 2011. Monografia (Graduação em Direito) - UNICEUB, Brasília,2011.

VARGAS, Rudinei de. **Princípio do Melhor Interesse da Criança e do Adolescente nos Processos de Família.** 2015. Monografia (Graduação em Direito) -UNIJUÍ, Ijuí, 2015

VENOSA, Silvio de Salvo. **Direito de Família.**3. ed. São Paulo: Atlas, 200

VIANA, Mariana de Oliveira. **A Consolidação do Afeto como Valor Jurídico: da Responsabilidade Civil Por Abandono Afetivo a Luz do Princípio da Dignidade da Pessoa Humana.** (Graduação em Direito) -FDCI, Cachoeiro de Itapemirim, 2017.

Abandono afetivo da pessoa idosa: da prática à responsabilização civil

LETÍCIA CAVALCANTE SAMPAIO VIEIRA[1]
ZIPORA INÁCIO LOURENÇO DA SILVA[2]

1. Introdução

O art. 3º da Lei nº 10.741/2003, conhecida popularmente como Estatuto do Idoso, prevê que é obrigação da família, da comunidade, da sociedade e do Poder Público cuidar da pessoa idosa, definida na lei como a pessoa em idade igual ou superior a sessenta anos de idade, como determina o art. 1º da lei supracitada. Todavia, o que de fato vem acontecendo na prática, é a negligência e o abandono dos filhos para com seus genitores idosos, caracterizando assim o abandono afetivo inverso, objeto de estudo do presente trabalho.

O abandono afetivo inverso é a ausência de cuidados por parte dos filhos em relação aos seus pais na terceira idade, o que é prejudicial e afeta intensamente o idoso, causando diversos transtornos emocionais e psicológicos a este. De acordo com os dados divulgados pelo Disque Direitos Humanos (Disque 100), foram recebidas, no ano de 2018, 37.454 denúncias de violência contra a pessoa idosa, um aumento de 13% em relação ao ano anterior, sendo mais da metade dessas denúncias prática relacionadas com o abandono afetivo inverso.

Dentro desse contexto, surge o seguinte questionamento: quais as principais formas de abandono afetivo inverso em vigor na sociedade e as medidas legais cabíveis que visam responsabilizar o agente infrator? À priori, destaca-se que as principais práticas de abandono afetivo inverso contra o idoso, presentes na sociedade, são: a negligência; a violência psicológica e física; os abusos financeiros; a alta de demonstração de afeto; bem como o abandono dos filhos para com seus genitores na terceira idade, que é passível de responsabilização tanto civil quanto criminal.

---

[1] Graduanda do Curso de Direito da Faculdade de Ciências Humanas do Sertão Central – Fachusc.
[2] Graduanda do Curso de Direito da Faculdade de Ciências Humanas do Sertão Central – Fachusc.

O objetivo geral desse trabalho foi identificar as principais formas de abandono afetivo inverso e as medidas legais cabíveis a essas práticas. Já de forma específica, pretendeu-se: discorrer sobre a proteção especial destinada aos idosos que é feita na legislação pátria; descrever as práticas de abandono inverso e relacioná-las com os problemas que surgem nos idosos em decorrência delas; e por fim, identificar as medidas legais cabíveis que possibilitam a responsabilização do agente infrator.

A importância dessa pesquisa está pautada em mostrar a atual situação dos idosos na sociedade brasileira, que independente da classe social em que estejam inseridos, enfrentam o abandono. Além disso, busca-se a justiça como um meio de punir o infrator, prevenindo, ainda, os futuros possíveis casos de abandono afetivo inverso. Por fim, o maior objetivo é a conscientização da sociedade quanto a importância do amor e dos cuidados destinados à terceira idade, não sendo isso uma faculdade, mas um dever.

Para a investigação desse assunto, adotou-se o método bibliográfico, com base em materiais já publicados sobre o assunto como artigos científicos, livros doutrinários, dados oficiais disponibilizados pelo governo e a própria legislação. Por fim, essa pesquisa pode ser classificada como exploratória-explicativa, pois estuda o fenômeno do abandono afetivo inverso da pessoa idosa desde as práticas aplicadas nessas situações até as suas consequências, explanando os motivos que levam esse fenômeno a ser combatido legalmente e socialmente.

2. Proteção especial ao idoso no ordenamento jurídico brasileiro

A terceira idade é um estágio da vida humana que requer uma maior atenção da sociedade, do Estado e, principalmente, da família, pois nessa fase os idosos são, em sua grande maioria, pessoas mais vulneráveis. A vulnerabilidade da pessoa idosa pode ser considerada tanto como uma vulnerabilidade natural, ocasionada pelas fragilidades físicas consequentes do envelhecimento, como social, provocada pelo desrespeito e desvalorização, o que revela uma forma de violência socialmente produzida (SCHUMACHER; PUTTINI; NOJIMOTO, 2013). Em decorrência dessa vulnerabilidade social, surge a vulnerabilidade jurídica da pessoa idosa, o que, de acordo com Barlleta (2008), justifica vários direitos consagrados na Constituição e nas leis infraconstitucionais, as quais atribuem garantias e proteções ao idoso.

É um dos objetivos da República Federativa do Brasil, a promoção do bem de todos independente de qualquer característica, é o que dispõe a Constituição Federal de 1988 em seu art. 3º, IV. Além disso, um dos fundamentos desse Estado Democrático de Direito, é a dignidade da pessoa humana, assegurada no art. 1º, III, da Lei Maior. Nesse aspecto, tem-se que é um direito constitucional do idoso o seu amparo pela família, pela sociedade e pelo Estado, bem como a defesa da sua vida, dignidade e bem-estar (art. 230, CF/88). Esses direitos, por mais que sejam constitucionais, ou seja, normas máximas, são considerados insuficientes para dar a devida proteção ao idoso diante das vulnerabilidades que os rodeiam

Outrossim, o grande número de idosos na população brasileira, que, de acordo com o último censo demográfico realizado pelo IBGE (2010), contava com mais de 20 milhões de pessoas com mais de 60 (sessenta) anos, possibilitou a criação de leis especiais para a proteção e promoção desse grupo de pessoas. A primeira foi a Lei nº 8.742/93, chamada de Lei Orgânica da Assistência Social, que segundo o seu art. 2º, II, tem por objetivo a proteção da família, da maternidade, da infância, da adolescência e da velhice, bem como a garantia de pagamento de 1 (um) salário mínimo de benefício mensal ao idoso que comprove não possuir meios de prover a própria manutenção ou de tê-la provida por sua família, como descreve o inciso V do artigo supracitado.

Posteriormente, foi criada a Lei nº 8.842/94, voltada por completo à proteção e garantia dos direitos sociais do idoso. A referida lei, mais conhecida como Lei da Política Nacional do Idoso, tem como objetivo assegurar os direitos sociais da pessoa na terceira idade, criando condições para promover a sua autonomia, integração e participação efetiva na sociedade, conforme é estabelecido no seu art. 1º. Destarte, como prevê o seu art. 3º, I, a família, a sociedade e o Estado devem assegurar aos idosos os direitos da cidadania, garantir a sua participação na comunidade, e defender sua dignidade, bem-estar e o direito à vida. Ademais, também faz parte das diretrizes dessa Política, a viabilização de formas alternativas de participação, ocupação e convívio do idoso, como assegura o art. 4º, inciso I.

Todavia, diante da insuficiência das aludidas leis de promoverem de fato uma plena proteção à velhice, bem como diante do crescente aumento da população brasileira da terceira idade, foi sancionada em

1º de outubro de 2003 a Lei nº 10.741, chamada de Estatuto do Idoso. O objetivo da aludida lei foi regular os direitos assegurados à pessoa idosa, que, de acordo com o seu art. 1º, é toda pessoa com idade igual ou superior a 60 (sessenta) anos. O texto legal aborda todas as questões que envolvem a vida do idoso, como a família, a saúde, a discriminação, a violência, entre outros aspectos importantes que garantem o bem estar daquele.

Apresentando 118 (cento e dezoito) artigos, distribuídos em 7 (sete) títulos, o Estatuto do Idoso assegura o direito à vida, à liberdade, à dignidade, à habitação, ao respeito, entre outros diversos direitos fundamentais inerentes à pessoa humana. Alguns artigos desse Estatuto merecem uma atenção especial, de acordo com o seu conteúdo, como é o caso do art. 3º, caput:

> É obrigação da família, da comunidade, da sociedade e do Poder Público assegurar ao idoso, com absoluta prioridade, a efetivação do direito à vida, à saúde, à alimentação, à educação, à cultura, ao esporte, ao lazer, ao trabalho, à cidadania, à liberdade, à dignidade, ao respeito e à convivência familiar comunitária.

Ao analisar a letra da lei, é notório a preocupação do legislador em propiciar ao idoso todos os meios para obter uma boa qualidade de vida e bem-estar na terceira idade, sendo assegurados vários direitos fundamentais. Outro artigo do Estatuto que merece destaque é o art. 4º, caput, que afirma que "Nenhum idoso será objeto de qualquer tipo de negligência, discriminação, violência, crueldade ou opressão", sendo qualquer atentado a seus direitos, seja por ação ou omissão, objeto de punição na forma da lei. Ou seja, além de assegurar os direitos fundamentais do idoso, no art. 3º, o legislador também se preocupou com a possível inobservância deste, elaborando o art. 4º para tratar de prováveis transgressões, que estarão sujeitas a punição.

Do art. 95 ao art. 108 do Estatuto do Idoso, estão previstos os crimes contra as pessoas idosas e as suas respectivas sanções, merecendo destaque o art. 99, que trata da integridade e da saúde física ou psíquica da pessoa senil. O Estatuto do Idoso é uma legislação bastante ampla e que salvaguarda todas as áreas da vida do idoso, protegendo-o e promovendo seu bem-estar social, garantindo todos os seus direitos fundamentais e punindo àqueles que infringirem estas normas. Como é de se observar nas legislações supracitadas, tem que haver a participação conjunta da família, da sociedade e do Estado para garantirem os direitos do idoso.

A família é a instituição básica da sociedade, é a esfera em que ocorre o primeiro contato social do indivíduo, sendo, igualmente, o local de onde se emanam os cuidados básicos para com a vida, sejam esses durante a infância, adolescência, fase adulta ou na terceira idade (CARNUT; FAQUIM, 2014). A sociedade, por sua vez, pode ser definida como um grupo de pessoas que interagem entre si (FORTES, 2010), portanto, é na esfera da vida social que acontecem todos os outros contatos ao longo da vida, sendo que todas as pessoas fazem parte da sociedade desde o nascimento, até a sua morte. O Estado, por sua vez, tem como objetivo regular essas relações sociais, proporcionando a harmonia social e o bem-estar para toda a população (BOF, 2018)

No caso do Estado brasileiro, essa proteção para com a população começa desde a concepção, com o direito do nascituro, e percorre a vida do indivíduo até a sua morte, quando cessa a sua existência e com ela os seus direitos. As legislações destinadas aos idosos, principalmente a Lei n° 10.741/2003, reflete a preocupação e proteção do Estado para com a população que está na fase senil, mostrando, assim, que os filhos devem cuidar dos seus pais na fase idosa. Nesse sentido, cita-se a decisão da Ministra Nancy Andrighi, da 3ª Turma do Superior Tribunal de Justiça, que no julgamento do REsp. 1.159.242/SP, em 04 abril de 2012, que tratava de ação indenizatória por dano moral decorrente de abandono afetivo, entendeu que amar é uma faculdade, todavia, o cuidado é um dever.

Portanto, tanto a legislação em vigor quanto a jurisprudência servem para obrigar a família, o Estado e a sociedade a cuidarem dos seus idosos, já que o cuidado é um dever, nesse caso, um dever de todos. O cuidado não está apenas no carinho, na atenção, na alimentação e no cuidado físico para com os idosos no âmbito familiar, mas está no respeito ao que institui o art. 3°, § 1°, I ao IX do Estatuto do Idoso; no acesso universal e igualitário dos idosos ao Sistema Único de Saúde, como garante o art. 15 do mesmo Estatuto; no dever de informar às autoridades competentes quando algum desses direitos forem violados; na ajuda ao atravessar a rua; na palavra de apoio; e, principalmente, o cuidado está no cumprimento da lei. Cuidar é um dever e é uma atitude de cidadania.

3. Práticas de abandono e os problemas que surgem nos idosos em decorrência delas

A dignidade da pessoa humana é um dos principais fundamentos da Constituição Federal de 1988 e todos os ramos do direito se baseiam neles, bem como em seus anseios sociais (art. 1°, III, CF/88). Em se tratando do abandono afetivo inverso e dos problemas que surgem em decorrência dessa prática, ainda não há uma compreensão jurídica solidificada quanto a sua intensidade. Segundo Norões e Pereira Junior (2018), por vezes, o termo afeto é traçado como sinônimo de amor, sendo um sentimento que dificultaria a obrigatoriedade desse nas relações familiares, posto que o amor sendo um sentimento, é inteiramente subjetivo. Desse modo, tem-se que a afetividade, que é um dos princípios norteadores do Direito da Família, existe justamente para amparar a impossibilidade jurídica do afeto.

O princípio da afetividade versa em torno do afeto, sendo que suas manifestações exteriorizadas, ou seja, as consequências das relações afetivas tornam-se concretas e perceptíveis ao Direito (CALDERON, 2017), podendo ser analisado não apenas como um sentimento, mas como um dever jurídico imposto pela obrigatoriedade do cuidado, pois o papel para com a pessoa idosa não é apenas amparar-lhes nas dificuldades físicas, mas principalmente morais e psicológicas. O abandono material acontece quando os filhos não proporcionam os meios assistenciais para a subsistência dos pais idosos, já o abandono imaterial está relacionado ao afeto e a convivência familiar, que muito se agrava quando são levados para as Instituições de Longa Permanência para Idosos (ILPI), também conhecidas como asilos.

Para Souza:

> O asilo é uma espécie de além-fronteiras, para onde vão todos aqueles que, de uma forma ou de outra, perderam seu lugar na sociedade. A reconstrução de papéis nesse ambiente está limitada a uma dimensão ínfima da realidade social circunscrita ao espaço físico do asilo (SOUZA, 2003, p. 12).

A trajetória do idoso até o asilo ocorre por várias motivações: a rejeição, a falta de tempo, o individualismo, a própria condição de velhice do idoso e entre outras. Ainda de acordo com Souza (2003), no processo de envelhecimento todos os indivíduos em um determinado momento ficam impossibilitados de assumir alguns papéis sociais, como a perda da capacidade para o trabalho, da vitalidade, o aparecimento de doenças, dificuldade de locomoção, o que lhes impedem de praticarem até mesmo suas atividades do dia-a-dia, passando a serem vistos como inúteis, incapazes, incômodos e descartáveis e, por conta disso, muitos idosos são abandonados pelos filhos nas suas próprias residências aos cuidados de pessoas estranhas, que em muitos casos acabam sendo os autores das violências enfrentadas por eles.

O Estatuto do Idoso caracteriza o envelhecimento como direito personalíssimo do indivíduo (art. 4º, Lei 10.741/2003), destinando-se a resguardar a dignidade humana e garantir a cidadania e o bem estar dos idosos. Um envelhecimento tranquilo, participativo, baseado no afeto, respeito e cuidado para com quem um dia também esteve na juventude deve ser assegurado pela família, Poder Público e sociedade, conforme estabelecido no Estatuto supracitado. Porém, a realidade mostra que muitos idosos ainda são vítimas do abandono afetivo inverso, o que faz com que esse processo de envelhecimento se torne traumatizante. Vale salientar que o Disque 100 (2018) registrou um aumento de 13% no número de denúncias sobre violência contra idosos e mostram que 52.9% dos casos foram cometidos pelos filhos.

A Portaria MS nº 737/2001, que regula a Política Nacional de Redução da Morbimortalidade por Acidentes e Violências, separa os tipos de violência em sete grupos: abuso físico, abuso psicológico, abuso sexual, abandono, negligência, abuso financeiro e autonegligência. O abuso físico está relacionado com o uso da força física contra a vítima; o abuso psicológico se refere a agressões verbais ou gestuais para aterrorizar, rejeitar ou humilhar a vítima; o abuso sexual é o ato de utilizar a vítima para a sua excitação sexual; o abandono é a ausência dos cuidados necessários para com a vítima; negligência é a omissão do responsável no cuidado para com a vítima; o abuso financeiro é a exploração dos recursos financeiros da vítima; e autonegligência é a recusa de prover o cuidado a si mesmo (POLÍTICA NACIONAL DE REDUÇÃO DA MORBIMORTALIDADE POR ACIDENTES E VIOLÊNCIAS, 2001)

Damata (1993) diz que a violência é, sobretudo, um mecanismo social que rompe os espaços e as barreiras dos costumes e as normas legais, invadindo o espaço do outro. Dos tipos de violência, a física, por ser o tipo com maior visibilidade, costuma não passar despercebida, já o abuso psicológico ou emocional, de acordo com Menezes (2010), por não deixar marcas aparentes, torna-se uma violência silenciosa e de difícil detecção, porém, os idosos estão expostos a todos os tipos de violências. Essas violências caracterizam as práticas do abandono afetivo inverso que podem se apresentar de diversas maneiras na vida do idoso, desde práticas "simples" até as mais complexas e severas que devastam a vida dessa pessoa na fase senil, como dispõe o Manual de Enfrentamento à Violência Contra a Pessoa Idosa:

> O abandono é uma das maneiras mais perversas de violência contra a pessoa idosa e apresenta várias facetas. As mais comuns que vêm sendo constatadas por cuidadores e órgãos públicos que notificam as queixas são: retirá-la da sua casa contra sua vontade; trocar seu lugar na residência a favor dos mais jovens, como por exemplo, colocá-la num quartinho nos fundos da casa privando-a do convívio com outros membros da família e das relações familiares; conduzi-la a uma instituição de longa permanência contra a sua vontade, para se livrar da sua presença na casa, deixando a essas entidades o domínio sobre sua vida, sua vontade, sua saúde e seu direito de ir e vir; deixá-la sem assistência quando dela necessita, permitindo que passe fome, se desidrate e seja privada de medicamentos e outras necessidades básicas, antecipando sua imobilidade, aniquilando sua personalidade ou promovendo seu lento adoecimento e morte (MANUAL DE ENFRENTAMENTO À VIOLÊNCIA CONTRA A PESSOA IDOSA, 2013, p. 41).

O abandono afetivo inverso se torna real quando há uma expectativa de afeto, em que o idoso acredita que será mantido no núcleo de convivência da família e sofre o impacto do descaso (SIMÃO, 2016), bem como diversas outras maneiras de violência, o que lhes causa situações de medo, estresses, angústias, que com o passar do tempo se transformam em doenças psicossomáticas, que são aquelas doenças que se originam na mente, manifestando-se no corpo sob diversas formas e que geralmente são ocasionadas por questões emocionais, distúrbios psíquicos e entre outros. Ademais, isso pode até mesmo levar esse idoso violentado ao suicídio, como mostra os últimos dados do Ministério da Saúde (2017) sobre esse tema, em que ocorreram 8,9 suicídios em 100 mil, na faixa etária dos 70 anos entre os seis últimos anos que antecederam a publicação.

4. Medidas legais cabíveis ao abandono afetivo inverso na seara cível

O art. 229 da Constituição Federal de 1988 que impõe aos filhos o dever de ajudar e amparar os pais na velhice, juntamente com o Estatuto do Idoso que no seu art. 3º também impõe essa obrigação do cuidado dos filhos para com seus pais idosos, consubstanciam-se num dever legal a ser cumprido. Portanto, quando um filho não ampara o seu pai na velhice deixa de cumprir uma obrigação e, consequentemente, comete um ato ilícito, devendo gerar, assim, a obrigação de indenizar (VIEGAS; BARROS, 2016). O abandono afetivo inverso não se refere apenas ao ato de não amar, não demonstrar afeto ou carinho, mas também à falta de cuidado e proteção, o que merece uma atenção maior no âmbito jurídico para que essa prática seja punida com rigor, como menciona Álvaro Villaça Azevedo:

> O descaso entre pais e filhos é algo que merece punição, é abandono moral grave, que precisa merecer severa atuação do Poder Judiciário, para que se preserve não o amor ou a obrigação de amar, o que seria impossível, mas a responsabilidade ante o descumprimento do dever de cuidar, que causa o trauma moral da rejeição e da indiferença (AZEVEDO, 2004, p. 14).

Essa responsabilidade é conhecida como responsabilidade civil que, segundo Flavio Tartuce (2017), surge pelo descumprimento obrigacional, pela desobediência a uma regra estabelecida em um contrato, ou pela inobservância de um preceito normativo que regula a vida. Além disso, está prevista no Código Civil no art. 927, *caput*, que diz: "Aquele que, por ato ilícito (arts. 186 e 187), causar dano a outrem, fica obrigado a repará-lo.", esse ato ilícito, conforme o art. 186, é a ação ou omissão voluntária, negligência ou imprudência, que viola direito e causa dano a outrem, ainda que seja um dano de âmbito moral. Já o art. 187, define o ato ilícito conhecido como abuso de direito, que ocorre quando o titular de um direito, ao exercê-lo, excede manifestamente os limites impostos

Como já citado, o descaso entre pais e filhos é um abandono moral grave, sendo, portanto, definido, de acordo com Flavio Tartuce (2017), como uma lesão aos direitos da personalidade. A autonomia da pessoa idosa exige a assistência filial, moral e afetiva para a consolidação dos seus direitos personalíssimos. Sendo os direitos da personalidade invioláveis e protegidos no art. 5º, incisos V e X, da Carta Magna de 1988, que prevê expressamente a possibilidade de indenização pelo dano moral decorrente da sua violação. Nesse aspecto, a legislação brasileira possibilita a reparação civil na ocorrência do descumprimento do dever de cuidado filial-paterno, sendo a responsabilidade civil o instrumento para fazer valer os direitos dos idosos, ainda que sob a forma de indenização (VIEGAS; BARROS, 2016).

Sobre a indenização dispõe Adriane Medianeira Toaldo e Hiza Reis Machado:

> A indenização pelo abandono afetivo dos familiares será uma forma de coibi-los de tal atitude, servindo como punição, já para o idoso trará, de certa forma um acalanto para a alma ou quem sabe o alcance para o próprio alimento. Desta forma entende-se que embora a reparação civil não esteja presente no Estatuto do Idoso, mas que seus pressupostos estejam, já haverá formas para tal intento (TOALDO; MACHADO, 2012, s.p).

O abandono afetivo inverso é um tema novo na seara jurídica e não dispõe de legislação ou jurisprudência específicas para tratar desses casos, porém, existe um projeto de lei tramitando na Câmara dos Deputados, PL 4.294-A/2008, que pretende acrescentar outro parágrafo ao art. 3º do Estatuto do Idoso que sujeita os filhos ao pagamento de indenização por danos morais pela prática do abandono afetivo inverso. Todavia, o abandono afetivo dos pais para com seus filhos já possui jurisprudência favorável, o que implica na possibilidade de indenização por danos morais decorrentes do abandono afetivo da relação paterno-filial no caso concreto, conforme julgamento do Recurso Especial n. 1.159-242/SP, de relatoria da Ministra Nancy Andrighi:

> Comprovar que a imposição legal de cuidar da prole foi descumprida implica em se reconhecer a ocorrência de ilicitude civil, sob a forma de omissão. Isso porque o *non facere*, que atinge um bem juridicamente tutelado, leia-se, o necessário dever de criação, educação e companhia- de cuidado- importa em vulneração da imposição legal, exsurgindo, daí a possibilidade de se pleitear compensação por danos morais por abandono psicológico (STJ, REsp 1.159.242/SP, Relatora: Ministra Nancy Andrighi; Julgamento 24/04/2012, DJe 10/05/2012).

De acordo com Jessica Martins Torres (2016), o vocábulo "inverso" da expressão "abandono afetivo inverso" corresponde a uma equação às avessas do binômio da relação paterno-filial, visto que o dever de cuidado dos pais para com sua prole, possui valor jurídico idêntico atribuído aos deveres filiais para com seus genitores, de acordo com o art. 229 da Constituição Federal de 1988. Sendo assim, a premissa que autoriza a indenização em casos de abandono afetivo é a mesma que pode ser aplicada quando este abandono ocorrer inversamente, visto que normalmente esses pais se encontram em idade avançada, precisando de cuidados especiais diante da sua vulnerabilidade, assim como as crianças e adolescentes que um dia dependeram dos seus genitores (TORRES, 2016).

Também dispõe Andiara Pontes Silva:

> Não há dúvida em afirmar que a mesma obrigação que os pais têm em relação à proteção de seus filhos, gerando na falta, a indenização pelo abandono afetivo, igual obrigação tem os filhos em relação aos seus pais idosos, uma vez que é indiscutível obrigação da família no seu amparo e proteção, podendo esse abandono motivar ações indenizatórias buscando a reparação moral pelo abandono dos idosos (SILVA, 2016, p. 09).

Havendo, então, a prática da reparação do dano moral causado pelo abandono afetivo através de indenização nos casos decorrentes da relação paterno-filial, e na falta de jurisprudência e legislação específica para tratar do abandono afetivo inverso, pode utilizar também o art. 4° da Lei de Introdução às normas do Direito Brasileiro de 1942 que diz: "quando a lei for omissa, o juiz decidirá o caso de acordo com a analogia, os costumes e os princípios gerais de direito", para responsabilizar o filho que descumprir o dever de cuidado para com seus pais idosos. Portanto, utilizando-se da analogia disposta no artigo supracitado e, de acordo com Jessica Martins Torres (2016), a prática do abandono afetivo inverso merece o mesmo tratamento jurídico do abandono de pais para com sua prole.

Verificada a possibilidade da indenização por dano moral no caso do abandono afetivo inverso, cabe citar o *quantum* indenizatório, porém, como não existem critérios objetivos para mensurar esse *quantum*, fica ao arbítrio do juiz fazer essa medida atendendo as particularidades de cada caso, todavia, deve o juiz se basear na previsão legal contida no art. 944 do Código Civil de 2002 que menciona que a indenização se mede pela extensão do dano, ou seja, de acordo com o dano causado pelo abandono afetivo do idoso (TORRES, 2016). Porém, o dano moral não é uma questão fácil, pois os bens morais da vítima não são mensuráveis, todavia, esse problema não pode servir de desculpa para o não arbitramento de indenizações, tampouco para o excessivo montante estipulado (ALVARENGA, 2012).

5. Considerações Finais

O envelhecimento é um processo inerente a todos os indivíduos e é uma fase da vida em que as pessoas ficam, em sua grande maioria, mais frágeis e, consequentemente, mais vulneráveis, tanto fisicamente quanto socialmente, o que requer uma atenção a mais no tocante à proteção dessas pessoas idosas. Conforme dados apresentados no trabalho, há uma estimativa de que até 2060 um quarto da população brasileira será idosa, ou seja, haverá um crescimento significativo da população senil brasileira e a sociedade e o Estado precisam estar preparados para lidar com essas pessoas que precisam de um cuidado e proteção redobrados, seja no seio familiar, seja na sociedade e principalmente no âmbito jurídico para terem seus direitos assegurados.

Atualmente, um dos grandes problemas enfrentados pelos idosos, independentemente da classe social em que estejam inseridos, é o abandono afetivo inverso, caracterizado pela falta de cuidados, de afeto e de convivência familiar por parte dos filhos, o que mostra que os direitos dos idosos não estão sendo assegurados da maneira que deveriam ser, visto que é um dever dos filhos amparar os pais na velhice, o que se entende então que é um direito dos idosos receber esse amparo dos filhos. No entanto, o abandono afetivo inverso não é o único problema enfrentado pelos idosos quando se fala na violação dos seus direitos, estes também são vítimas de violência física, violência moral, psicológica e até financeira.

A legislação brasileira, desde a Constituição Federal de 1988 até as legislações infraconstitucionais, em especial o Estatuto do Idoso, faze referência à proteção da pessoa idosa, resguardando o seu direito à dignidade, à vida, à saúde, ao bem estar, e aos cuidados, seja da família, da sociedade ou do Estado. No tocante as normas jurídicas que asseguram os direitos dos idosos, afirma-se que a legislação brasileira assegura a proteção à pessoa idosa, porém, essa legislação é carente de normas que façam valer essas garantias disponibilizadas nas leis, ou seja, não existem leis para reparação sobre o abandono afetivo inverso, até porque não basta só punir aquele infringe a lei, mas também é preciso reparar aquele que sofreu o dano ao seu direito. No caso em questão, trata-se do idoso que sofreu de abandono afetivo inverso.

Por mais que os sentimentos, os cuidados e o afeto sejam coisas imateriais e, consequente, impossíveis de serem valoradas, cabe indenização por danos morais no caso do abandono afetivo praticado pelos pais para com seus filhos. Como dispõe a jurisprudência, também deve caber a indenização por danos morais quando os polos se invertem, visto que se trata da mesma relação de âmbito familiar, porém, com as figuras invertidas. Mesmo que não tenha legislação e jurisprudência sobre o abandono afetivo inverso, pode-se utilizar o princípio da analogia para reparar esse dano causado aos pais idosos que foram abandonados e negligenciados pelos seus filhos, visto que eles tiveram seus direitos de serem cuidados na velhice pela sua prole violados, ou seja, houve um dano praticado pelos filhos no direitos dos pais idosos, portanto, cabe responsabilidade civil no caso do abandono afetivo inverso.

A legislação precisa ser atualizada para acompanhar os problemas sociais que atingem esses idosos, como é o caso desse abandono afetivo inverso. O Estatuto do Idoso foi publicado em 2003, portanto, tem mais de 15 anos de existência e precisa ser atualizado para se enquadrar na situação atual dos idosos brasileiros, visto que os problemas enfrentados por esses naquela época não são os mesmos enfrentados nos dias atuais, embora o abandono, as violências e os maus-tratos não sejam problemas novos. O abandono afetivo inverso surgiu há pouco tempo na seara jurídica, mas já conta com um projeto de lei para combatê-lo, como é o caso do PL 4.229/2019 que propõe tornar esse ato como ilícito, possibilitando, assim, a responsabilização dos filhos que abandonarem seus pais na velhice e, consequentemente, a reparação através da indenização.

Mas não basta só atualizar a legislação, é necessário também atualizar a consciência da sociedade no geral, já que também é dever da sociedade cuidar dos idosos. O homem vive em uma sociedade capitalista, que está cada vez mais individualista, pensando apenas no próprio bem, o que não é correto, pois os indivíduos não vivem isolados para pensarem apenas em si. Não adianta atualizar as leis que assegurem os direitos dos idosos se a sociedade não se conscientizar do seu papel no cuidado da pessoa idosa. É necessário entender que esse grupo de pessoas precisam de mais cuidado e atenção, seja dentro de casa ou na rua, é um direito deles ter esse cuidado e esse amparo na velhice, e é um dever da família, da sociedade e do Estado garantir essa proteção, visto que amar é uma opção, mas cuidar é um dever de todos.

Referências

ALVARENGA, Maria Amália de Figueiredo Pereira. **A responsabilidade civil em face do abandono afetivo e a problemática do quantum indenizatório**. Revista Eletrônica da Faculdade de Direito de Franca. Franca, v. 5, n. 1, p. 240, 2012. Disponível em: http://www.revista.direitofranca.br/index.php/refdf/issue/vie w/24/showToc . Acesso em: 29 mai. 2020.

AZEVEDO, Álvaro Villaça. **Jornal do Advogado**, OAB, São Paulo, n. 289, p. 14, 2004.

BARLETTA, Fabiana Rodrigues. **O Direito à Saúde da Pessoa Idosa**. 2008. Tese (doutorado) – Pontifícia Universidade Católica do Rio de Janeiro, Departamento de Direito, Rio de Janeiro, 2008.

BOF, Milena Dartora. **O que é Estado? Entenda a constituição da sociedade política.** Politize, 2018. Disponível em: https://www.politize.com.br/estado-o-que-e/ . Acesso em: 05 mar. 2020.

BRASIL. **Constituição da República Federativa do Brasil de 1988.** Disponível em: http://www.planalto.gov.br/ccivil_03/constituicao/constituica o.htm . Acesso em: 05 mar. 2020.

________. **Decreto-Lei nº 4.657, de 4 de setembro de 1942.** Institui a Lei de Introdução às normas do Direito Brasileiro. Disponível em: http://www.planalto.gov.br/ccivil_03/Decreto-Lei/Del4657.htm . Acesso em: 05 mar. 2020.

________. **Lei nº 8.742, de 7 de dezembro de 1993**. Institui a Lei Orgânica da Assistência Social. Disponível em: http://www.planalto.gov.br/ccivil_03/leis/l8742.htm . Acesso em: 05 mar. 2020.

________. **Lei nº 8.842, de 4 de janeiro de 1994**. Institui a Política Nacional do Idoso e o Conselho Nacional do Idoso. Disponível em: http://www.planalto.gov.br/ccivil_03/leis/L8842.htm . Acesso em: 05 mar. 2020.

________. **Lei nº 10.406, de 10 de janeiro de 2002.** Institui o Código Civil de 2002. Disponível em: http://www.planalto.gov.br/ccivil_03/leis/2002/L10406compi lada.htm . Acesso em: 05 mar. 2020.

________. **Lei nº 10.741, de 1º de outubro de 2003.** Institui o Estatuto do Idoso. Disponível em:

http://www.planalto.gov.br/ccivil_03/leis/2003/l10.741.htm . Acesso em: 05 mar. 2020.

______. **Manual de Enfrentamento à Violência Contra a Pessoa Idosa.** Brasília: Secretaria de Direitos Humanos da Presidência da República, 2013. Disponível em: http://www.cedi.pr.gov.br/arquivos/File/CEDI/ManualViole nciaIdosogovfedweb.pdf . Acesso em: 29 mai. 2020.

______. **Política Nacional de Redução de Morbimortalidade por Acidentes e Violência.** Brasília: Ministério da Saúde, 2001.

______. **Projeto de Lei nº 4.229 de 2019.** Disponível em: https://www25.senado.leg.br/web/atividade/materias/-/materia/137919 . Acesso em: 05 mar. 2020.

______. Superior Tribunal de Justiça (3. Turma). **Recurso Especial 1.159.242/SP.** Civil e processual civil. Família. Abandono afetivo. Compensação por dano moral. Possibilidade. Recorrente: Antônio Carlos Jamas dos Santos. Recorrido: Luciane Nunes de Oliveira Souza. Relatora: Ministra Nancy Andrighi, 24 de abril de 2012. Disponível em: https://www.migalhas.com.br/arquivo_artigo/art20120510-02.pdf . Acesso em: 29 mai. 2020.

______. **Taxa de suicídio é maior em idosos com mais de 70 anos.** Brasília: Ministério da Saúde, 2017. Disponível em: https://www.saude.gov.br/noticias/agencia-saude/29691-taxa-de-suicidio-e-maior-em-idosos-com-mais-de-70-anos. Acesso em: 29 mai. 2020.

CALDERÓN, Ricardo. **Princípio da afetividade no direito de família.** *2. ed.* Rio de Janeiro: Forense, 2017.

CARNUT, Leonardo; FAQUIM, Juliana Pereira Silva. Conceitos de família e a tipologia familiar: aspectos teóricos para o trabalho da equipe de saúde bucal na estratégia de saúde da família. **J Manag Prim Health Care,** 2014. Disponível em: http://www.jmphc.com.br/jmphc/article/view/198 . Acesso em: 05 mar. 2020.

DAMATA, Roberto. Conta de Mentiroso: sete ensaios de antropologia brasileira. Rio de Janeiro: ROCCO, 1993.

DISQUE 100. **Balanço anual do Disque 100 registra aumento**

de 13% em denúncia de violações contra a pessoa idosa. Brasília: Ministério da Mulher, da Família e dos Direitos Humanos, 2019. Disponível em: https://www.gov.br/mdh/pt-br/assuntos/noticias/2019/junho/balanco-anual-do-disque-100-registra-aumento-de-13-em-denuncias-de-violacoes-contra-a-pessoa-idosa . Acesso em: 29 mai. 2020.

FORTES, Wanessa Mota Freitas. Sociedade, direito e controle social. **Âmbito Jurídico**, 2010. Disponível em: https://ambitojuridico.com.br/edicoes/revista-82/sociedade-direito-e-controle-social/#:~:text=Sociedade%20e%20intera%C3%A7%C3%A3o&text=Em%20termos%20gerais%20podemos%20definir,e%20a%20previs%C3%A3o%20de%20comportamento. Acesso em: 05 mar. 2020.

IBGE – Instituto Brasileiro de Geografia e Estatística. **População residente, por sexo e grupos de idade, segundo as Grandes Regiões e as Unidades de Federação**. Rio de Janeiro: IBGE, 2010. Disponível em: https://censo2010.ibge.gov.br/sinopse/index.php?dados=12#topo_piramide . Acesso em: 05 mar. 2020.

MENEZES, Maria do Rosário. Violência contra idosos: é preciso se importar! In: BERZINS, M. V.; MALAGUTTI, W. (Org.). **Rompendo o silêncio:** faces da violência na velhice. São Paulo: Martinari, 2010.

NORÕES, Mariane Paiva. PEREIRA JÚNIOR, Antônio Jorge. A abordagem antropológica e jurídica da afetividade no direito de família mediante o uso do diálogo socrático em sala de aula. **Argumenta Jornal Law**, Jacarezinho/PR, n 28 p.57-77, 2017. Disponível em: http://seer.uenp.edu.br/index.php/argumenta/article/view/1228/pdf. Acesso em: 15 mar. 2020

SCHUMACHER, Aluísio Almeida; PUTTINI, Rodolfo Franco; NOJIMOTO, Toshio. Vulnerabilidade, reconhecimento e saúde da pessoa idosa: autonomia intersubjetiva e justiça social. **Saúde em Debate**. Centro Brasileiro de Estudos de Saúde, v. 37, n. 97, p. 281-293, 2013. Disponível em: https://repositorio.unesp.br/handle/11449/110118 . Acesso em: 05 mar. 2020.

SILVA, Andiara Pontes. **Abandono Afetivo Inverso da Pessoa Idosa e a Possibilidade do Dano Moral.** Artigo Científico (Pós-Graduação Lato Sensu) – Escola de Magistratura do Estado do Rio de Janeiro, Rio de Janeiro, 2016.

SIMÃO, Beatriz Brunelli. **O abandono afetivo inverso e o cabimento da responsabilidade civil e danos morais dentro do contexto familiar.** Trabalho de Conclusão de Curso (Graduação em Ciências Jurídicas) – UNESC, Criciúma, 2016.

SOUZA, Jaime Luiz Cunha de. **Idoso institucionalizado:** observações em um asilo público de Belém do Pará. XI Congresso Brasileiro de Sociologia. Campinas: UNICAMP, 2003.

TARTUCE, Flavio. **Direito Civil,** v. 2: direito das obrigações e responsabilidade civil; 12. ed. rev., atual. e ampl. Rio de Janeiro: Forense, 2017.

TOALDO, Adriane Medianeira; MACHADO, Hilza Reis. Abandono afetivo do idoso pelos familiares: indenização por danos morais. **Âmbito Jurídico,** 2012. Disponível em: http://www.ambitojuridico.com.br/site/index.php?n_link=revi sta_artigos_leitura&artigo_id=11310. Acesso em: 29 mai. 2020.

TORRES, Jessica Martins. **Abandono Afetivo Inverso.** Artigo Científico (Pós-Graduação Lato Sensu) – Escola de Magistratura do Estado do Rio de Janeiro, Rio de Janeiro, 2016.

VIEGAS, Claudia Mara de Almeida Rabelo; BARROS, Marília Ferreira de. Abandono afetivo inverso: o abandono do idoso e a violação do dever de cuidado por parte da prole. **Cadernos do Programa de Pós-Graduação DIREITO/UFRGS**, v. 11, n. 3, p. 168-201, 2016. Disponível em: https://seer.ufrgs.br/ppgdir/article/view/66610/40474 . Acesso em: 29 mai. 2020.

Exploração do trabalho infantil: fatores desencadeadores

Francisco Airam Gomes de Carvalho[1]
Maria de Fátima Gomes de Carvalho[2]

1. Introdução

Segundo dados da Pesquisa Nacional por Amostra de Domicílios, em 2016 havia 2,4 milhões de crianças e adolescentes de cinco a dezessete anos em situação de trabalho infantil, o que representa 6% da população (40,1 milhões) nesta faixa etária. No entanto, é importante destacar que a Carta Magna de 1988, no seu art. 227, assegura com absoluta prioridade os direitos das crianças e dos adolescentes, quais sejam: o direito à vida, à saúde, à alimentação, à educação, ao lazer, à profissionalização, à cultura, à dignidade, ao respeito, à liberdade e à convivência familiar e comunitária, além de colocá-los a salvo de toda forma de negligência, discriminação, exploração, violência, crueldade e opressão.

No que tange à exploração do trabalho infantil, os números revelam que tais direitos não estão sendo assegurados com prioridade, o que torna ineficaz a observância e o cumprimento do Estatuto da Criança e do Adolescente, bem como estão sendo violados direitos fundamentais ao pleno desenvolvimento da criança e do adolescente, previstos no texto constitucional, cuja família, a sociedade e o Estado têm o dever de assegurar. Embora previstas constitucionalmente, é perceptível que a ausência de políticas públicas eficientes e eficazes contribui de forma decisiva com esta triste realidade, ao passo que direitos e garantias fundamentais são negados, tornando as famílias cada vez mais vulneráveis e suscetíveis à exploração de crianças e adolescentes.

Dentro desse contexto, surge o seguinte questionamento: Diante da inobservância do Estatuto da Criança e do Adolescente, quais fatores contribuem para a exploração do trabalho infantil? Como

---

[1] Graduando do Curso de Direito da Faculdade de Ciências Humanas do Sertão Central – Fachusc.
[2] Graduanda do Curso de Direito da Faculdade de Ciências Humanas do Sertão Central – Fachusc.

fatores que podem ajudar a compreender tal ocorrência, citam-se: a vulnerabilidade social, como principal causa da exploração do trabalho infantil; a falta de políticas públicas eficazes para as famílias de baixa renda, e que estão abaixo da linha da pobreza; e, por fim, o capitalismo político, como responsável pela má distribuição de renda e consequente exploração do trabalho infantil.

Outrossim, tem-se, ainda, que o Brasil é o sexto país mais populoso do mundo, tendo uma população de cerca de 210 milhões de habitantes, destes, estima-se que 60 milhões são crianças e adolescentes. Todavia, embora esteja entre os dez países com o PIB mais alto, o Brasil é o oitavo país com o maior índice de desigualdade social e econômica do mundo. Segundo relatório de ONU, publicado em 2010, as principais causas da desigualdade social são a falta de acesso à educação de qualidade; a política fiscal injusta; os baixos salários; a dificuldade de acesso aos serviços básicos, como saúde, transporte público e saneamento básico.

Diante disto, o principal objetivo desse trabalho foi identificar de que modo a inobservância do Estatuto da Criança e do Adolescente contribui para a exploração do trabalho infantil. De forma específica, pretendeu-se: identificar as camadas sociais onde ocorre a maior exploração do trabalho infantil; relacionar a exploração do trabalho infantil como manobra política, cuja negação da garantia de direitos individuais e coletivos, como educação, por exemplo, gera uma grande massa sem vez e sem voz; e, por fim, associar a exploração do trabalho infantil a uma consequente mão de obra barata.

A metodologia adotada para o desenvolvimento deste trabalho, quanto ao procedimento metodológico, foi o levantamento bibliográfico, através da leitura de artigos científicos, monografias, dados governamentais, estatísticas na área, e o próprio ordenamento jurídico brasileiro. Quanto aos objetivos, a pesquisa pode ser classificada como descritiva-explicativa, posto que visou descrever as características de determinado grupo social, bem como identificar os fatores que contribuem para a não garantia de direitos constitucionais, fundamentais à dignidade da pessoa humana.

2. Desilgualdade social, vulnerabilidade e exploração do trabalho infantil

Tão perversas quanto persistentes, "as desigualdades sociais e a pobreza atingem particularmente alguns contingentes da população brasileira, como as crianças e adolescentes" (CARVALHO, 2008).

Enfrentando a imperiosa necessidade de contribuir para o orçamento doméstico ou, algumas vezes, de assegurar a própria subsistência, "meninos e meninas são obrigados a reprimir energias, sentimentos e comportamentos que caracterizam a infância e a adolescência nas sociedades modernas para ingressarem ilegitimamente no mercado de trabalho" (ÀRIES, 1978).

As origens do trabalho infantil no Brasil remontam ao período colonial e à implantação do regime escravagista, tendo sua estrutura mantida praticamente intacta durante todo o processo inicial de industrialização no país, obrigando o ingresso de grandes contingentes de crianças no sistema produtivo ao longo do século XX. No entanto, ao contrário do período industrial, as crianças do nosso tempo emancipam suas idades através de pequenos serviços, inclusive domésticos, e tentam, nas ruas e avenidas das grandes cidades, vender os mais variados produtos artesanais e industriais, para contribuir com a renda familiar e a sua própria subsistência (MONTE, 2008).

Desde o início, a exploração do trabalho infantil era mascarada por termos como "trabalho precoce", não sendo vista como exploração de menores, pois tal prática fazia parte de um contexto social trazido da cultura européia, chegando ao Brasil através dos hábitos e costumes que atravessaram o atlântico nas embarcações portuguesas. No período colonial, o ingresso das crianças no mundo do trabalho era extremamente precoce, como bem informa Mary Del Priore:

> [...] a partir dos sete anos as crianças já desenvolviam "pequenas atividades, ou estudavam a domicílio, com preceptores ou na rede pública, por meio das escolas régias, criadas na segunda metade do século XVIII, ou, ainda aprendiam algum ofício, tornando-se "aprendizes". O trabalho infantil estava inserido num conjunto de códigos repassados ao longo das gerações que relacionam desenvolvimento/autonomia com responsabilidade/ aprendizado, fatores determinantes para a inserção precoce das crianças no mundo adulto. (DEL PRIORE, 1999, p. 84).

Nas embarcações portuguesas, os benefícios do trabalho infantil eram inúmeros, pois as crianças produziam de maneira ágil, o custo da mão-de-obra era baixo, além do consumo de alimentos por estas, que era pouco. Estes fatores contribuíam e incentivavam o recrutamento de famílias portuguesas que sofriam com a fome. Dessa forma, a história revela que os mais vulneráveis sempre foram mais suscetíveis à exploração do trabalho infantil; contudo, essa exploração tornou-se cultural, ao passo que para essas famílias, ver seus filhos trabalhando era uma forma de garantir a sua sobrevivência. (CUSTÓDIO; VERONESE, 2007).

Segundo Cústodio e Veronese:

> [...] a inserção precoce de crianças no trabalho era estabelecida sem maiores questionamentos sobre os prejuízos ao seu desenvolvimento. A frequente mortalidade de crianças era naturalizada numa sociedade que pouco valorizou a vida na escravidão (CUSTÓDIO; VERONESE, 2007, p. 33).

Desse modo, as condições de trabalho nas quais foram submetidas essas crianças eram realmente desumanas, pois além da jornada de trabalho desgastante, e dos diversos acidentes de trabalhos ocorridos, estas eram submetidas à realização das atividades em locais insalubres e perigosos (PAGANINI, 2008).

Diante desse cenário aterrador, no início do século XIX, mesmo com as primeiras experiências da industrialização, continua-se o processo de exploração como requisito necessário à subsistência, sendo ainda este, o principal argumento para justificar a causa da exploração do trabalho de tantas crianças, sem qualquer preocupação com as duras consequências disso. Além desse fator, via-se no trabalho infantil uma forma de manter as crianças afastadas dos vícios e da criminalidade presente em uma sociedade em mudança, e que pelo trabalho a criança moldaria o seu caráter (CUSTÓDIO; VERONESE, 2007).

Ainda no século XIX, na República Velha, a diferença de classes, a desigualdade social, fortemente marcada pela exclusão dos marginalizados, é claramente visível, sobretudo quando os filhos de senhores iam para escola, a partir dos sete anos de idade, enquanto que os filhos dos escravos iam trabalhar, o que, culturalmente era normal e socialmente aceitável. Neste período, constata-se que o trabalho realizado por crianças e adolescentes constituiu uma imagem fiel do baixo nível econômico das famílias pertencentes à classe operária, que viviam com baixos salários e privadas de direitos básicos, como saúde, educação, moradia (CARVALHO, 2008).

No início do século XX começaram a surgir novas tentativas de regulamentação do trabalho infantil, em particular, nas cidades do Rio de Janeiro e São Paulo, o que não obteve êxito. Somente a partir do ano de 1917, com a constituição pelo Tratado de Versalhes a Organização Internacional do Trabalho (OIT), dentre outros objetivos, estava a melhoria das condições de trabalho e a garantia dos trabalhadores menos protegidos e, principalmente, das crianças. No cenário internacional, a OIT emitiu Convenções fixando a idade mínima para o trabalho nas indústrias em 14 anos e proibindo o trabalho noturno nas indústrias para os menores de dezoito anos, que apenas foram ratificados pelo Brasil em 1934 (CUSTÓDIO; VERONESE, 2007).

No cenário internacional, com o fim da Primeira Grande Guerra Mundial, surge uma nova percepção sobre a infância, tendo sido aprovada Declaração dos Direitos da Criança, na Conferência de Genebra em 1924. Enquanto isso, em 1934, o Brasil adota uma nova Constituição de profundo conteúdo social, que inauguraria a proteção constitucional contra a exploração do trabalho infantil no Brasil, determinando em seu art. 121, § 1º, d, a proibição do trabalho a menores de quatorze anos; de trabalho noturno a menores de dezesseis; e em indústrias insalubres, a menores de 18 anos.

Para Custódio e Veronese (2007), somente na Nova República, com a promulgação da Constituição Federal de 1988, o Brasil dá passos significativos em relação às garantias destinadas a crianças e adolescentes. Em seu art. 227, dispõe como dever da família, da sociedade e do Estado, dentre outros direitos, manter a criança e o adolescente a salvo de toda forma de negligência, discriminação, exploração, violência, crueldade e opressão. Neste cenário, nasce a Lei 8.069/90 (Estatuto da Criança e do Adolescente), que dispunha de um conjunto de normas protetivas em função de sua condição especial de pessoa em desenvolvimento.

Neste sentido, o Governo Federal vem adotando medidas que visam assegurar direitos constitucionais, por meio da criação de programas sociais de distribuição de renda. Em meio a tantas tentativas de coibir a exploração do trabalho infantil, é notório que a situação de vulnerabilidade social, associada a outros, é em muitos casos, um dos fatores centrais de estímulo a esta prática. Na infância, justifica-se o trabalho pela necessidade de auxílio na renda familiar; na adolescência, para o consumo próprio, que leva os jovens muitas vezes a abandonar a escola, gerando consequências futuras, fortalecendo o sistema de exploração, como veremos no capítulo a seguir.

Por fim, as estatísticas revelam ainda a ineficácia dos programas sociais, num país cuja distribuição de renda é tão desigual. Segundo o IBGE, em 2018, o Brasil registrava o alto número de 13,5 milhões de pessoas em extrema pobreza, vivendo abaixo da linha da extrema pobreza. Esse contingente representa 6,5% de toda a população do país. Diante disto, conclui-se que, principalmente na região nordeste, onde se registra o maior número de crianças e adolescentes em situação de trabalho, a vulnerabilidade social é uma das principais causas da exploração do trabalho infantil no país (IBGE, 2019).

3. Negativa de direitos aos menores e políticas públicas ineficazes

De acordo com Fontes (2018), o Brasil é considerado um Estado Democrático e Social de Direito, tendo como fundamento o princípio da dignidade humana, que é um importante marco no ordenamento jurídico brasileiro, no que tange aos direitos e garantias fundamentais da criança e do adolescente. Em relação a estes, tem-se que por muito tempo não houve qualquer previsão legal sobre seus direitos, que apenas vieram a ser tutelados pela Constituição Federal de 1988, em seu artigo 227:

> É dever da família, da sociedade e do Estado assegurar à criança e ao adolescente, com absoluta prioridade, o direito à vida, à saúde, à alimentação, à educação, ao lazer, à profissionalização, à cultura, à dignidade, ao respeito, à liberdade e à convivência familiar e comunitária, além de coloca-los à salvo de toda forma de negligência, discriminação, exploração, violência, crueldade e opressão.

No ano de 1990, o legislador infraconstitucional, visando a complementação do artigo 227 da Constituição Federal, seguindo a orientação da Convenção Internacional de Direitos da criança, aprovado pela assembleia geral da ONU, em 29 de novembro de 1989, criou através da Lei n.º 8.090/90, denominada como o Estatuto da Criança e do Adolescente – ECA. Essa, como uma lei especial, tem como fundamento assegurar aos menores, os direitos inerentes à pessoa humana, sendo essa um dever do Estado (FONTES, 2018).

Nas precisas palavras de Custódio e Veronese (2017), destaca-se que o Estatuto tem desempenhado papel de grande relevância na garantia dos direitos fundamentais da criança e do adolescente, tendo instituído um sistema de garantias que prevê responsabilidades e ações para efetivar os direitos previstos. No entanto, a realidade social brasileira demonstra, e denuncia, que apesar de existirem tantas garantias e direitos expressos na legislação, a efetivação e realização desses não ocorre de fato (FONTES, 2018), em especial quando se fala do trabalho infantil.

Dentro desse quadro, é importante destacar que além da omissão da família, a sociedade, de forma egoísta, exime-se da sua responsabilidade. Ademais, apesar de o Estado ter assumido constitucionalmente o compromisso de proteger a dignidade dessas crianças e adolescentes, por meio da efetivação dos direitos previstos no ordenamento jurídico, termina, de modo imoral, desincumbindo-se de sua tarefa, isto é, não promovendo políticas públicas para a concretização e efetivação dos direitos sociais mínimos dos menores (FONTES, 2018), o que faz com que o trabalho infantil não seja combatido.

No que se refere ao trabalho exercido pelas crianças, como forma de produção de vida, esta esteve presente em todas as construções históricas da humanidade. Neste sentido, Adalberto Martins (2002. p. 23) afirma que "[...] na antiguidade, o trabalho do menor se dava, basicamente, no âmbito doméstico, com vistas à aprendizagem de um ofício e de caráter artesanal". Na atualidade, esse trabalho tende a ser prejudicial para o desenvolvimento tanto físico quanto psicológico delas, mas essa visão nem sempre predominou e não é adotada em todos os lugares (SALDANHA, 2015).

No entanto, essa abordagem impõe-se, pois, as crianças devem ser protegidas do exercício do labor e de outras atividades que afetem o seu desenvolvimento, sendo necessário, para tanto, perceber o menor como um ser com características e necessidade diferentes das dos adultos (SALDANHA, 2015). Dentre os escritos de Marx e Engels, é possível perceber a instituição de regras e condutas em favor dos direitos das crianças e adolescentes que trabalham:

> [...] afirmamos que a sociedade não pode permitir que pais e patrões empreguem, no trabalho, crianças e adolescentes, a menos que se combine este trabalho produtivo com a educação. Crianças e jovens têm um direito à proteção da lei contra abusos do poder paterno, os quais destoem prematuramente sua força física e os degrada intelectual e moralmente (MARX; ENGELS, 1992, p. 60-71).

A efetivação da proteção ao trabalho precoce, como um direito social, exige uma postura positiva do Estado, que deve instituir políticas públicas para a sua erradicação (RODRIGUES, 2015). É certo que, desde 1998, o governo brasileiro vem desenvolvendo programas e ações com o objetivo de proteger o desenvolvimento infanto-juvenil saudável, com atuação em diversas áreas de trabalho, educação, saúde, cultura, direitos humanos e previdência social, integrando políticas direcionadas para a criança e ao adolescente (SALDANHA,2015).

Dentre os programas desenvolvidos pelo governo federal, tem-se o PETI, instituído com objetivo de retirar crianças e adolescentes de sete a quinze anos de idade do trabalho considerado perigoso, penoso, insalubre ou degradante. O programa possibilitava o acesso, a permanência e o bom desempenho destes na escola, fomentando e incentivando a ampliação do universo de conhecimentos por meio de atividades culturais, esportivas, artísticas e de lazer. Além disso, prestava orientação às famílias, através de ações socioeducativas, com a implantação de programas e projetos de geração de trabalho e renda familiar (SALDANHA, 2015).

Em seguida, foi instituído o Bolsa Família, que unificou todos os programas de transferência de renda do governo federal, tendo sido criado em 2003 com o objetivo de promover a erradicação da miséria e da exclusão social, mas também incentivar a educação dos menores. Pode ser beneficiada com o programa, a entidade familiar com renda per capita até R$ 100,00 mensais e que mantiverem as crianças e adolescentes em idade escolar nas redes de ensino. A unificação dos programas permitiu a criação do Cadastro Único, evitando o pagamento dúplice dos benefícios e permitindo uma melhor fiscalização da aplicação dos recursos. (SALDANHA, 2015).

De acordo com Rodrigues (2015), uma vez selecionada a ação a ser realizada e os objetivos a serem alcançados, tem-se a implementação do programa, que é a preparação para a execução da política definida. Entretanto, por mais que a implementação seja organizada e bem detalhada, o que, aliás, é essencial para que ela tenha, ao menos, uma perspectiva de sucesso, ela não garante a exatidão na realização da política pública, porque esta depende do alcance de uma série de condições, externas ao agente implementador.

Conforme Santos e Veronese (2015), a efetivação das políticas de atendimento destinadas a beneficiar crianças e adolescentes são geridas por Conselhos de Direitos, órgãos existentes em todas as unidades federativas, tendo por objetivo controlar as ações que serão realizadas para que os direitos daqueles sejam efetivados nas suas respectivas regiões. O autor ainda fala que a política de proteção fica a cargo dos Conselhos Tutelares, órgãos que detém a função de zelar pelos direitos ameaçados ou violados das crianças e dos adolescentes, de forma individualizada ou coletiva.

É importante salientar que, mesmo com a existência desses programas, dados do Ministério Público do Trabalho mostram que, entre 2014 e 2018, mais de 21 mil denúncias de trabalho infantil foram registradas no Brasil. Ainda de acordo com o órgão, de 2003 e 2018, 938 crianças foram resgatadas de circunstâncias semelhantes à escravidão. Além disso, entre 2007 e 2018, 261 crianças ou adolescentes morreram e 43.777 se acidentaram enquanto trabalhavam (SALDANHA, 2015).

Parte do problema pode ser explicada pela política de cortes orçamentários em políticas públicas e programas sociais, que tende a enfraquecer os órgãos de formulação e monitoramento da população infanto-juvenil, como o Conselho Nacional dos Direitos da Criança e do Adolescente, o Programa de Proteção de Crianças e Adolescentes Ameaçados de Morte e o Programa de Erradicação do Trabalho Infantil. Para Alves (2018, p. 3): "Esses cortes e a falta de atenção ao ECA têm ampliado as desigualdades sociais e gerado mais pobreza para as crianças, adolescentes e seus familiares".

Portanto, em face dessa realidade, constata-se cotidianamente situações em que os direitos de crianças e adolescentes são ameaçados ou violados, o que vem sendo demonstrado pelas pesquisas já realizadas. Ou seja, o poder público, de fato, não tem conseguido garantir por meio das políticas públicas a efetivação dos direitos preconizados no ordenamento jurídico brasileiro, sobretudo quando se trata dos direitos e garantias fundamentos que se destinam às crianças e adolescentes (FERNANDES, 2019).

4. Principais fatores que desencadeiam o trabalho infantil no Brasil

Estudos revelam que, em 1886, trabalhadores de Chicago se mobilizaram através de greves e manifestações por melhores condições de trabalho. A data do início das mobilizações, 1º de maio, seria, anos depois, decretada como Dia Internacional do Trabalho. Na época, essas más condições atingiam até as crianças, que eram parte da mão de obra. No Brasil, com a abolição da escravatura em 1888, intensificou-se a demanda por mão de obra infantil, em função do início do processo de industrialização no final do século XIX, pois tinha um baixo custo. Na indústria têxtil, por exemplo, a média salarial de um trabalhador, com menos de 18 anos, era aproximadamente um terço da média salarial de um homem adulto

(SADA, 2016).

Conforme observa Bernardino e Pinheiro (2015), a exploração da mão de obra infantil está arraigada nos costumes e na cultura da sociedade. A mão de obra barata da criança e do adolescente, quase sempre, acontecia em âmbito doméstico, voltada para o aprendizado de um ofício ou de um sistema de produção familiar, principalmente por parte das meninas, que eram ensinadas a ser boas donas de casa, para ter um futuro predestinado como mãe, esposa, subordinada, do lar.

O trabalho infantil, sob esse aspecto, insere-se como a contribuição da menina para a manutenção das necessidades do grupamento familiar. O próprio trabalho da mulher no espaço doméstico sempre foi pouco valorizado e considerado uma atribuição decorrente de uma suposta condição natural à condição feminina. Então, desde muito cedo, as crianças do gênero feminino aprendiam como comandar uma casa, enquanto às crianças do gênero masculino eram delegadas funções externas (BERNARDINO; PINHEIRO, 2015).

O trabalho infantil, independente da forma com que se efetiva na sociedade, é o reflexo da estrutura do país, das desigualdades sociais trazidas com a consolidação do capitalismo, efetivando-se, muitas vezes, como única alternativa de sobrevivência da família. O capital, na atualidade, continua explorando a força de trabalho de meninas e meninos nos processos produtivos como forma de baratear a força de trabalho adulta, reduzindo, assim, os custos da produção. Desta forma, "o modo de produção capitalista mostra a sua capacidade de articular e rearticular a inserção da criança no mundo do trabalho" (SANTOS, 2016).

A partir das três últimas décadas do século XX, perdurando até o momento atual, o desemprego cresceu de forma alarmante no Brasil, sendo um reflexo da atual crise social, econômica e política iniciada nos anos de 1970. Tal crise apresenta como consequência, além do aumento do desemprego, a existência de ocupações precárias e subempregos, contribuindo para o agravamento da miséria que atinge milhares de famílias. Nesta situação, é crescente o número de crianças e adolescentes que realizam algum tipo de atividade laboral para incrementar a renda familiar ou para ser a única fonte de renda da casa (SANTOS, 2016).

Dessa forma, indaga Rizzini:

> As crianças pobres sempre trabalharam. Para quem? Para seus

donos, no caso das crianças escravas da Colônia e do Império; para os "capitalistas" do início da industrialização, como ocorreu com as crianças órfãs, abandonadas ou desvalidas a partir do final do século XIX; para os grandes proprietários de terras como bóias-frias; nas unidades domésticas de produção artesanal ou agrícola; nas casas de família; e finalmente nas ruas, para manterem a si e as suas famílias (RIZZINI, 2004, p. 376).

Por outro lado, o desenvolvimento econômico, que gera um desenvolvimento social com oportunidades desiguais, como no Brasil, abre o abismo de sua própria crise à medida em que propaga exclusões sociais de forma velada (MARTINS, 2008). A crise econômica, percebida em toda a sociedade, mostra-se como ápice da desigualdade de distribuição de renda que há décadas está presente no dia a dia da sociedade brasileira. Tais desigualdades, na distribuição de renda e de oportunidades de inclusão econômica e social da população, maximizam o quadro de pobreza percebido na sociedade (DAMBROS, 2018).

É evidente a evolução do trabalho na sociedade de forma progressiva, sendo destacados alguns períodos exponenciais que representam saltos evolutivos e relevantes modificações nas formas e meios de trabalho. Nesse ponto, a Primeira e a Segunda Revoluções Industriais são exemplos clássicos de tais evoluções, que culminaram em modificações significativas nas formas de trabalho e com grande propagação do uso de máquinas, que substituíam a mão de obra humana, em muitos casos, trazendo maior agilidade à produção. Porém, salienta-se que essas revoluções exigiram dos trabalhadores novas habilidades para a operacionalização de tais máquinas, dispensando, assim, a mão de obra pouco qualificada (RODRIGUES, 2017).

Diante disso, compreende-se que, com a modernização e as modificações nas formas de produção propostas pelo capitalismo, houve a necessidade da implementação de conhecimentos específicos, como o conhecimento técnico, disciplina e autocontrole. O objetivo disso foi incorporar reflexos automáticos necessários para que se possa acompanhar o ritmo das máquinas e operá-las de forma eficiente. Sendo assim, foram excluídos do mercado de trabalho os indivíduos pouco disciplinados aos parâmetros estabelecidos por esse novo mercado e demanda (DAMBROS, 2018).

Os baixos salários, combinados com a alta produtividade advinda dos novos métodos de produção tecnológicos, favoreceram o padrão concentrador que se instala por meio do capitalismo no Brasil. Assim, atualmente, o capital na sociedade é monopolizado em grande parte pelos indivíduos que compõe o 1% mais rico da população. Nesse panorama, conclui-se que o lucro do trabalho dos 99% da população trabalhadora é transferido em grande parte para os cofres deste 1% privilegiado (DAMBROS, 2018).

A desigualdade de oportunidades de permanência e de "êxito" no sistema educacional resulta ser, segundo estimam Barros e Ramos (1991), a principal causa da desigualdade de renda no Brasil, que é a segunda mais alta do mundo segundo o PNUD. Em outras palavras, o mercado de trabalho não pode ser responsabilizado pela totalidade da desigualdade de renda no Brasil, visto que ele absorve pessoas cujas capacidades de produzir são extremamente diferenciadas. A evasão escolar, segundo apontam numerosas pesquisas, estaria diretamente relacionada, no Brasil, não à falta de escolas, mas à atratividade do mercado de trabalho para crianças vindas de famílias pobres. A taxa de participação dos menores na força de trabalho de fato resulta ser, no país, uma das mais altas do mundo (URANI, 1995).

5. Cosiderações Finais

O trabalho infantil é uma chaga na sociedade. Sua prática tem ceifado vidas, além dos sonhos de tantas crianças e adolescentes no nosso país. Ele rouba das nossas crianças o direito de crescer e se desenvolver de forma saudável, de acordo com cada etapa de suas vidas. Suas consequências vão ainda muito além, pois refletem diretamente no desenvolvimento de uma sociedade. O trabalho infantil tira das crianças, direitos constituídos na Carta Magna de 1988, ratificados pelo Estatuto da Criança e do Adolescente, Lei nº 8.069/90.

Um país que não vela pelos direitos das crianças e dos adolescentes, coibindo repressivamente a prática do trabalho infantil, está contribuindo para o não desenvolvimento da própria nação, pois as consequências de tal exploração refletem diretamente na sociedade, repercutindo negativamente na sua imagem. Naturalmente, a criança e o adolescente em situação de trabalho não usufruirá de direitos inerentes à dignidade da pessoa humana, tão pouco de direitos fundamentais para o seu pleno desenvolvimento, como saúde, lazer, segurança, educação, entre outros.

A educação é um dos principais direitos que pode garantir não só um futuro promissor para nossas crianças e adolescentes, como também para a nação, pois o país que investe em educação está investindo em seu próprio desenvolvimento, do contrário, figurará entre os países subdesenvolvidos. A exploração do trabalho infantil é o espelho de um país que não investe no desenvolvimento do seu povo. Ao ser inserido precocemente no mundo do trabalho, o rendimento escolar da criança e do adolescente tende a cair, o que muito provavelmente vai ocasionar em reprovação e futura evasão escolar.

Sem formação e qualificação profissional, o sistema de exploração permanecerá, dessa vez, no mercado de trabalho, nas indústrias, que optarão por profissionais que preencham os requisitos para o desenvolvimento de determinadas funções, ficando mais uma vez à margem, aqueles que não se enquadram nos perfis exigidos; de outra sorte, terão poucas oportunidades e baixos salários, sendo mais uma vez expostos a trabalhos pesados, degradantes.

O reflexo de tudo isso, são mais famílias na linha ou a baixo da linha da pobreza; é mais exclusão social, exigindo dos governantes políticas de auxílio financeiro, alimentando assim um sistema dominador e opressor, que gera cada vez mais vulnerabilidade social, quando deveriam ser desenvolvidas políticas públicas mais eficazes de promoção e não de exclusão. A consequência de tudo isso, é a geração de massa de manobra, excluída, sem vez e sem voz, alijada de todo processo, político e social.

Referências

ÀRIES, Philippe. **História social da criança e da família**. 2.ed. Rio de Janeiro: Zahar, 1978.

ALVES, A. C. **Como o Brasil falha em proteger suas crianças e adolescentes**. 2018. Disponível em: https://www.cartacapital.com.br/sociedade/como-o-brasil-falha-em-proteger-suas-criancas-e-adolescentes/. Acesso em: 12 abr. 2020.

BERNARDINO, A. T.; PINHEIRO, T. C. G. **Trabalho infantil no Brasil:** violência e a mão de obra explorada no campo, 2015. Disponível em: http://itecne.com.br/social/edicoes/2015/artigos/TRABALHO%20INFANTIL%20NO%20BRASIL.pdf. Acesso em: 09 mai.

2020.

BARROS, R.; RAMOS, L. Desigualdade Salarial: Resultados de Pesquisas Recentes. In: CAMARGO, J. M.; GIAMBIAGI, F. (orgs.). **Distribuição de Renda no Brasil.** São Paulo, Paz e Terra, 1991.

BRASIL. **Constituição da República Federativa do Brasil de 1988.** Disponível em: https://www.senado.leg.br/atividade/const/con1988/con1988 _15.12.2016/art_7_.asp. Acesso em: 02 abr. 2020.

CARVALHO, I. M. M. C. **O trabalho infantil no Brasil contemporâneo,** 2008. Disponível em: https://www.scielo.br/scielo.php?script=sci_arttext&pid=S010 3-49792008000300010. Acesso em: 16 mar. 2020.

CUSTODIO, A. V.; VERONESE, J. R. P. **Trabalho infantil:** a negação do ser criança e adolescente no Brasil. Florianópolis: OAB/SC, 2007.

DAMBROS, I. B. **A indústria da mão de obra barata** – problemas sociais que retroalimentam os ciclos de pobreza destinando jovens a um futuro laboral precarizado, 2018. Disponível em: file:///C:/Users/CPH2/Downloads/4673-12736-1-SM.pdf. Acesso em: 10 mai. 2020.

DEL PRIORE, M. (org.) **História das Crianças no Brasil.** São Paulo: Contexto, 1999.

FERNANDES, A. **Entidades repudiam defesa do trabalho infantil feita por políticos,** 2019. Disponível em: https://www.correiobraziliense.com.br/app/noticia/brasil/201 9/07/09/interna-brasil,769256/entidades-repudiam-defesa-do-trabalho-infantil-feita-por-politicos.shtml. Acesso em: 21 abr. 2020.

FONSECA, F. F.; SENA, R. K. R.; SANTOS, R. L.; DIAS, O. V.; COSTA, S. M. **As vulnerabilidades na infância e adolescência e as políticas públicas brasileiras de intervenção,** 2013. Disponível em: https://www.scielo.br/scielo.php?script=sci_arttext&pid=S010 3-05822013000200019. Acesso em: 16 abr. 2020.

FONTES, L. B. C. **A Constituição Federal e o Estatuto da**

Criança e do Adolescente como leis que garantem a segurança e a dignidade da criança e do adolescente, 2018. Disponível em: https://ambitojuridico.com.br/edicoes/revista-172/a-constituicao-federal-e-o-estatuto-da-crianca-e-do-adolescente-como-leis-que-garantem-a-seguranca-e-a-dignidade-da-crianca-e-do-adolescente/. Acesso em: 30 abr. 2020.

IBGE. **Síntese de indicadores sociais.** Brasília: Agência IBGE notícias, 2019.

JUNIOR, J. A. B.; CHALITA, S. F. C. I. Trabalho infantil decorrente da ineficácia, 2015. Disponível em: http://www.revista.unisal.br/lo/index.php/revdir/article/view/173. Acesso em: 30 abr. 2020.

LIMA, F. S. **A proteção integral de crianças e adolescentes negros:** um estudo do sistema de garantia de direitos para a promoção da igualdade racial no Brasil. 2010. Dissertação (Pós-graduação Stricto Sensu em Direito) - Universidade Federal de Santa Catarina, Florianópolis, 2010.

MARTINS, A. **A Proteção Constitucional ao Trabalho de Crianças e Adolescentes**. São Paulo: LTr, 2002. Disponível em: http://revistas.newtonpaiva.br/redcunp/wp-content/uploads/2020/05/PDF-D4-13.pdf. Acesso em: 11 abr. 2020.

MONTE, P. A. **Exploração do Trabalho Infantil no Brasil:** Consequências e Reflexões, 2008. Disponível em: http://www.anpec.org.br/revista/vol9/vol9n3p625_650.pdf. Acesso em: 02 mar. 2020.

PAGANINI, J. **O trabalho infantil no Brasil:** uma história de exploração e sofrimento, 2008. Disponível em: http://periodicos.unesc.net/amicus/article/view/520. Acesso em: 06 abr. 2020.

PNAD Contínua. **Trabalho infantil**. Brasília/DF: IBGE, 2018 Disponível em: https://biblioteca.ibge.gov.br/visualizacao/livros/liv101388_in formativo.pdf. Acesso em 13 mar. 2020.

RIZZINI, Irma. Pequenos trabalhadores do Brasil. In: PRIORE, Mary Del. **História das crianças no Brasil.** 4. ed. São Paulo:

Contexto, 2004.

RODRIGUES, M. R. G. **O combate ao trabalho infantil no Estado do Pará:** o redesenho do programa de erradicação do trabalho infantil (peti) e a sua efetividade. 2015. Dissertação (Mestrado em Direitos Humanos e Políticas Públicas) – Centro Universitário do Pará, Belém, 2015.

SADA, J. Visto como mão de obra barata desde a industrialização, o trabalho infantil persiste como um problema a ser eliminado, 2016. Disponível em: http://fundacaotelefonica.org.br/promenino/trabalhoinfantil/ noticia/visto-como-mao-de-obra-barata-desde-a-industrializacao-o-trabalho-infantil-persiste-como-um-problema-a-ser-eliminado/. Acesso em: 02 mai. 2020

SALDANHA, J. R. L. **Trabalho infantil e políticas públicas de erradicação**, 2015. Disponível em: https://monografias.brasilescola.uol.com.br/direito/trabalho-infantil-politicas-publicas-erradicacao.htm. Acesso em: 30 abr. 2020.

SANTOS, J. T. **A persistência do trabalho infantil**, 2015. Disponível em: http://www.joinpp.ufma.br/jornadas/joinpp2015/pdfs/eixo2/ a-persistencia-do-trabalho-infantil.pdf. Acesso em: 30 abr. 2020.

URANI, A. **Crescimento e geração de emprego e renda no Brasil**, 1995. Disponível em: https://www.scielo.br/scielo.php?script=sci_arttext&pid=S010 2-64451995000100002. Acesso em: 15 abr. 2020.

VERONESE, J. R. P.; SALEH, N. M. Direito da criança e do adolescente e os impactos do estatuto da primeira infância, 2016. Disponível em: https://online.unisc.br/acadnet/anais/index.php/sidspp/articl e/view/15801. Acesso em: 30 abr. 2020.

Escravidão moderna no brasil: uma violação aos direitos humanos

MARIA EDUARDA OLIVEIRA[1]
MERCIA CYSNEIROS DE VASCONCELOS NUNES[2]

1. Introdução

A Lei 3.353/1888, mais conhecida como Lei Áurea, aboliu oficialmente a escravidão do Brasil, todavia, apesar disso, a verdade é que nunca deixou de existir o trabalho escravo, que apenas se modificou com o passar dos anos, adquirindo novos formatos. Devido ao interesse por parte dos empregadores de aumentar o lucro para o benefício próprio, muitos trabalhadores passam por situações desumanas, sendo esta uma situação social bem presente nos processos de produção capitalistas.

Tudo começou com a exploração de indígenas e, em seguida, com a de negros africanos, afetando por mais de 300 anos a vida social e econômica dessas pessoas. À priori, essa prática era justificada por questões morais e religiosas, já nos dias atuais ela atinge, principalmente, indivíduos que vivem em condições de extrema pobreza, trabalhadores do meio rural e imigrantes que chegam a determinado país. Apesar da abolição da escravidão, no capitalismo contemporâneo essa prática aparece nas mais distintas formas, assumindo diferentes nomenclaturas, como trabalho análogo à escravidão.

No Brasil, em 2013, foram libertos 2.208 trabalhadores em área urbana e 1.228 em área rural. Além disso, destaca-se que o Ministério Público do Trabalho possui cerca de 1,7 mil casos sendo investigados. No entanto, é impossível dizer quantas pessoas exatamente estão sujeitas a essa prática atualmente, devido à natureza oculta do trabalho escravo e à localização de difícil acesso. Ademais, existem, atualmente, grupos especializados para combater o trabalho escravo, através de denúncias e de fiscalizações feitas regularmente.

---

[1] Graduanda do Curso de Direito da Faculdade de Ciências Humanas do Sertão Central – Fachusc.

[2] Graduanda do Curso de Direito da Faculdade de Ciências Humanas do Sertão Central – Fachusc.

Tendo em vista o que foi citado acima, surge o seguinte questionamento: quais as principais formas de escravidão moderna no Brasil e os possíveis meios para erradicá-la? Esse questionamento se faz importante devido ao que preceitua o artigo 5º da Constituição Federal de 1988, que assegura, como garantia fundamental, a liberdade do ser humano. No mesmo artigo, em seu inciso III, discorre, ainda, que nenhum indivíduo poderá ser submetido à tortura ou tratamento desumano ou degradante.

Outrossim, tendo a pesquisa analisado todo o desenvolvimento do trabalho escravo no Brasil, salienta-se que este não é um simples problema social que atinge apenas a população de baixa renda, é um processo de desestruturação e desvio da democracia em que se vive atualmente. Ademais, as leis trabalhistas não são suficientes para resguardar os direitos dos trabalhadores e, por isso, é de suma importância a atuação de órgãos públicos, como também de ONGs, contra o trabalho escravo e a favor dos direitos humanos, para não só prevenir, como dar assistência às vítimas.

Sendo assim, o principal objetivo deste trabalho foi identificar as diversas formas de trabalho escravo contemporâneo e as medidas que podem ser aplicadas para erradicá-lo. Para além desse, buscou-se, de forma especifica: investigar as diversas formas de trabalho escravo contemporâneo que ocorrem no Brasil; analisar os dados de trabalhadores escravizados e como estes casos estão sendo relacionados com fatores econômicos e sociais; e, por fim, identificar os meios de erradicar a escravidão moderna no Brasil.

É de suma importância o reconhecimento do presente trabalho, que se faz relevante haja vista que busca servir como parâmetro para contribuir e fazer com que a sociedade compreenda a importância e necessidade da valorização do trabalhador. Dessa forma, entende-se que dar prioridade a esta questão é dar visibilidade aos sujeitos que enfrentam esse problema, e necessitam de ajuda. Além disso, este artigo visa abrir espaço para debates acerca dos problemas governamentais que possibilitam a escravidão moderna, afinal, apesar de existir diversas leis que buscam combatê-la, esta ainda se faz presente na atualidade.

Diante do exposto, o presente artigo usou como procedimento metodológico o levantamento bibliográfico, utilizando fontes anteriormente publicadas sobre o assunto exposto, isto é, monografias, dissertações, artigos científicos, livros, além da própria legislação. Já em relação aos seus objetivos, a pesquisa pode ser classificada como exploratória-descritiva, visando proporcionar uma nova visão sobre uma realidade já existente no Brasil, reunindo e analisando dados sobre o assunto.

2. As diversas formas de trabalho escravo contemporâneo

As raízes históricas do trabalho escravo são datadas de longo período, especificamente no período colonial e imperial e foi ganhando força com o advento dos engenhos. No século XIX, com a expansão europeia e a escravização dos povos africanos, americanos e asiáticos, essas pessoas viviam sujeitas a um senhor que o tratavam como se fossem mercadorias, ou seja, existia um direito de compra e venda de pessoas que eram submetidas a diversos tipos de maus tratos e viviam sob condições totalmente desumanas.

De acordo com a Convenção nº 29 da OIT, trabalho forçado ou obrigatório é "**todo trabalho ou serviço exigido de uma pessoa sob a ameaça de uma sanção e para o qual a pessoa não se ofereceu espontaneamente**". Diante disso, salienta-se que acontece em situações onde as pessoas são forçadas a trabalhar através do uso de violência ou intimidação, ou até mesmo por serem obrigados a servir em razão de alguma dívida, é equiparado com a limitação da liberdade dos trabalhadores.

O trabalho forçado se defere dos demais, pois nesta hipótese a obrigatoriedade da prestação de serviço é determinante. Dito isto, essa modalidade é caracterizada como crime, sendo uma espécie prescrita no artigo 149, CP, de reduzir alguém a condições análogas à escravidão. A Convenção n° 105 da OIT, reconhece que o trabalho forçado ou obrigatório estabelece uma forma de violação aos Direitos Humanos presente na Carta das Nações Unidas.

A Constituição Federal, em seu artigo 7°, XIII, brasileira prevê que a jornada diária de trabalho deve se estender por no máximo oito horas e a semanal por quarenta e quatro horas, o artigo 7°, XVI, CF, determina, também, que em cumprimento de horas extras o trabalhador deve receber uma remuneração com, no mínimo, cinquenta por cento de acréscimo. Além disso, tem-se que o artigo 59 da CLT determina que as horas extras não possam exceder duas horas extras por dia.

Segundo Ubiratan Cazetta (2007), jornada exaustiva é aquela que submete ao trabalhador um esforço excessivo, sujeitando ao limite de sua capacidade e que implica em negar-lhe suas condições mais básicas. Com isso, jornada exaustiva é aquela que além de ultrapassar os limites de horas extras previstas na legislação brasileira, pode causar prejuízo na saúde física e mental do empregado, ocorrendo em decorrência de circunstâncias que anulam a vontade deste, ou seja, ela pode advir do trabalho forçado.

O trabalho escravo se configura pelo trabalho degradante juntamente com a privação da liberdade. Neste aspecto, tem-se que o art. 7º da Constituição Federal estabelece como um direito dos trabalhadores urbanos e rurais, além de outros direitos que visam melhorar a qualidade de trabalho e a redução de dependentes do trabalho escravo no Brasil, por meio de normas de saúde, higiene e segurança (inciso XXII). Porém, segue sendo um direito violado por empregadores em todos os lugares do Brasil.

A condição degradante é uma das piores formas de trabalho escravo, pois ela afeta diretamente a dignidade da pessoa humana. Por exemplo, trabalhadores que não tem direito a água potável, sendo consumida água de um rio ou córrego, que são utilizadas muitas vezes não só para beber, mas para se banhar ou lavar roupa. Também não são fornecidos ao trabalhador equipamentos de proteção individual, deixando os trabalhadores sem nenhuma proteção contra acidente de trabalho (Convenção nº 29, da Organização Internacional do Trabalho).

Esses trabalhadores vivem em alojamentos sem nenhuma estrutura, que geralmente são barracos improvisados, podendo ser expostos ao sol e chuva e sem atender as necessidades mínimas, sem banheiro decente ou produtos de higiene pessoal básica. A alimentação é resumida em feijão com arroz e muitas vezes se quiserem consumir carne são obrigados a caçar. Quando os trabalhadores adoecem geralmente são deixados à própria sorte pelos seus empregadores.

No Brasil, o trabalho forçado dá-se, geralmente, pela servidão por dívida, que se inicia quando o empregador vende ao trabalhador bens de utilização própria ou quando o trabalhador tem que se locomover até o seu trabalho, essas dividas geralmente são anotadas pelos seus patrões, endividando-os de um modo que é quase impossível a sua locomoção (OIT, 2011). Essa modalidade está elencada no caput do art. 149 do CP. Trata-se de uma dívida que nunca é saldada, que a cada mês aumenta por meio de expedientes ilegais, com fraudes de juros extorsivos, e mesmo o trabalho desempenhado pela vítima todo mês não é capaz de abster a dívida (PIERANGELI, 2007).

De acordo com a Organização Internacional do Trabalho – OIT (1999), que desde alguns anos atua no Brasil em parceria com o MTE, a Polícia Federal, a CPT e outras instituições em defesa da justiça social, o trabalho decente é aquele que busca promover um ambiente produtivo e de qualidade, que seja agradável e confiável, promovendo a segurança e dignidade humana. É um trabalho que deve fazer com que o trabalhador se sinta seguro no seu meio de trabalho, sendo considerado fundamental para a superação da pobreza, a redução das desigualdades sociais, a garantia da governabilidade democrática e o desenvolvimento sustentável.

O trabalho escravo contemporâneo possui características que acarretam as leis trabalhistas, ou seja, é considerado um desrespeito às leis trabalhistas, que são um direito essencial para a dignidade dos trabalhadores. Este tema trata de diversas mulheres, homens e crianças que são privadas de sua liberdade. Atualmente, o trabalho escravo pode ser encontrado em diversos setores, dentre eles, cita-se o setor da produção, indústria, comércio, construção civil, agricultura, pecuária e etc. isso significa que desde a roupa até a comida, encontra-se produtos do trabalho escravo (PASTORAL DA TERRA, 2017).

É de suma importância salientar que, embora predominantemente o trabalho escravo esteja presente nas zonas rurais, derivado de atividades agropecuárias, dados coletados pelo Ministério do Trabalho no período entre 2003 e 2014 revelam que 80% dos trabalhadores libertados exerciam atividade em lavouras, plantação de cana, desmatamento e pecuária. Contudo, este crime também é cometido nas áreas urbanas, que é encontrado principalmente nos trabalhos de confecção e construção civil (DOLCE, 2018).

Segundo relatório gerado pela Organização Internacional do Trabalho (2006) mais de 50% das pessoas resgatadas em condições análogas ao trabalho escravo no Brasil são jovens com menos de 30 anos, do sexo masculino e a maioria migrante do Nordeste. Dentre as diversas formas citadas por eles, incluem o trabalho forçado em jornadas extremamente longas, condições de alojamento dos trabalhadores subumanas como também o quase aprisionamento das pessoas por dívidas aos patrões que não cessam. Na maioria das vezes esses trabalhadores já iniciavam o trabalho devendo algo aos seus patrões.

Ainda de acordo com o relatório:

A característica mais visível do trabalho escravo é a falta de liberdade. As quatro formas mais comuns de cercear essa liberdade são: servidão por dívida, retenção de documentos, dificuldade de acesso ao local e presença de guardas armados. Essas características são frequentemente acompanhas de condições subumanas de vida e de trabalho e de absoluto desrespeito à dignidade de uma pessoa (OIT, 2006, p. 01).

Dito isso, é importante destacar que em todas essas formas existem maus tratos e violência contra os trabalhadores. Muitas pessoas se submetem a esse tipo de condição devido ao desemprego, visando o sustento da família. Acontece que pela a falta de oportunidade e de informação, levam essas pessoas a acreditarem que esse é o único meio de sobreviver, e infelizmente, em muitos casos é de fato.

3. Relação dos trabalhadores escravizados com os fatores economicos e sociais

Em uma pesquisa realizada pela Orgazação Internacional do Trabalho em 2011, com trabalhadores libertados pelo Ministerio do Trabalho e Emprego – MTE foram perguntados aos trabalahores "qual seria a solução para o problema deles (trabalhadores)". Os resultados mostraram que a maioria dos trabalhadores respondeu que seria: a) ter terra para plantar (46,1%), b) ter um comércio (26,9%); c) ter emprego rural registrado (13,5%); d) ter um emprego na cidade (15,5%). De acordo com as respostas 59,6% representam trabalhadores escravizados libertados que almejam o trabalho no campo, visualizando bem como essa questão está diretamente ligado à questão fundiária e pobreza dos trabalhadores rurais.

Ainda de acordo com OIT (2011), os principais alvos são homens jovens, com média de 32 anos, pois as atividades realizadas no meio rural exigem da força física, e, por esta razão, os fazendeiros procuram por esse tipo de perfil, cor preta/parda (80%), com renda de 1 a 2 salários mínimos, mais provenientes das regiões nordeste, norte e centro-oeste. A maioria é analfabeta funcional, com cerca de 3,8 anos de estudo e início de vida profissional anterior aos 16 anos. Notadamente são pessoas submetidas a padrões históricos de injustiça e exclusão social. Lembrando que são, em sua maioria, migrantes que deixam suas casas com destino a trabalhar com a agricultura.

Essa questão vem crescendo devastadoramente no Brasil. Como ressaltado pela OIT, sobre a relação dos trabalhadores escravizados com a pobreza:

> Intimamente associada à pobreza, a concentração de terras que caracteriza a situação fundiária no país como um todo e afeta, particularmente, os estados de origem dos trabalhadores rurais escravizados, aparece como aspecto estrutural igualmente causador do trabalho escravo. A concentração fundiária exacerba a pobreza, pois priva o trabalhador do principal recurso para a sua manutenção no meio rural: a terra. Sem terra, a renda, normalmente baixa, torna-se a principal fonte de sobrevivência, pois transforma em mercadoria bens que não precisariam ser comprados, como alimentos (OTI, 2006 apud COSTA, 2010, p. 61).

Além da dificuldade de identificar as promessas irreais de uma oferta de emprego digno, o baixo grau de escolaridade, qualificação profissional e o desemprego, expõem esses trabalhadores, quase sempre, a aceitar ofertas fictícias dos intermediários responsáveis pelo cooptação e trabalhadores (CORRÊA, 2012, p. 32). Além disso, vale ressaltar que a escravidão vai ocorrer, em grande escala, nos países considerados "fracos", com baixo índice de desenvolvimento humano e alta taxa de corrupção. O latifúndio brasileiro está inserido como uma grande parte no agronegócio nacional de todo esse trabalho escravo, sendo assim, as ações de combate não deverão ser apenas adotada pelo Brasil, mas por todos os países que podem lucrar com isso (SAKAMOTO, 2006).

Diante dos dados expostos, vale salientar que qualquer pessoa economicamente vulnerável pode ser vítima do trabalho escravo contemporâneo. A falta de informação, conveniente da condição socioeconômica desses trabalhadores, a pobreza e a falta de oportunidade são características das pessoas que são submetidas ao trabalho escravo moderno. Se antes as desculpas utilizadas para escravizar pessoas eram a cor da sua pele, hoje em dia, é a pobreza.

De acordo com a Organização Internacional do Trabalho (2016), entre 1995 e 2015, 49.816 trabalhadores que estavam em situação análoga à escravidão no Brasil foram libertados; 95% desses trabalhadores eram homens entre 18 a 44 anos de idade e 33% são analfabetos. Entre os dez municípios com maior número de casos no Brasil, oito deles estão no Pará e outros na Amazônia.

Uma parte dos casos de escravidão no Brasil está no setor de pecuária bovina, porém, há cerca de 10 anos foram intensificadas as operações de fiscalização em centros urbanos. Em face disso, em 2013, pela primeira vez, a maior parte dos casos veio a ocorrer em setores urbanos, especialmente nos setores de construção civil e de confecções (OIT, 2016).

O trabalho escravo como uma das formas mais odiosas da exploração humana, sendo repudiada por dezenas de signatários nas convenções da Organização Internacional do Trabalho e, ainda, levando em consideração o artigo IV da Declaração Universal dos Direitos Humanos. Aqui no planeta, hoje, não há um único pais em que a escravidão seja defendida pelo Estado.

Em nenhuma forma de escrita, citada, falada ou até mesmo nem nas mais liberais das doutrinas econômicas, há alguma cláusula que garanta que os lucros possam ser obtidos por meio do assassinato e do aprisionamento de seres humanos. Tomam-se, como exemplo, os cidadãos europeus que em sua total consciência, cobram do governo que adote um comportamento responsável, desprezando qualquer mercadoria produzida por meio do sofrimento alheio.

4. Meios de erradicar a escravidão no Brasil

Segundo Secchi (2010), são destacadas algumas ações responsáveis pela erradicação do trabalho escravo contemporâneo, dentre elas: o fortalecimento de parcerias CPT, CONAET, MPT, Justiça do Trabalho, Justiça Federal, CONTAG, OIT, MPF, DPF, PRF; a nova redação do artigo 149; a criação de uma portaria interministerial (MTE e SEDH) do Cadastro de empregadores, conhecida também por lista suja; a cooperação financeira e técnica da OIT ao MTE e as ONGs; as articulações e parcerias da iniciativa privada com o Tribunal Superior do Trabalho e com membros do Legislativo; e as metas individuais para os AFT.

Essas metas promovidas pelo MTE são, por exemplo, desempenho individual e em inspeções individuais e territorialmente circunscritas (OIT, 2010d, p. 24). Segundo a OIT:

> O fortalecimento dessas parcerias sempre foi uma das metas prioritárias da Coordenadoria Nacional de Erradicação do Trabalho Escravo (CONAETE), destacando-se a atuação do Ministério do Trabalho e Emprego, Comissão Pastoral da Terra (CPT), Justiça do Trabalho e Justiça Federal, Confederação dos Trabalhadores na Agricultura (CONTAG), Organização Internacional do Trabalho (OIT), Ministério Público Federal, Departamento da Polícia Federal e da Polícia Rodoviária Federal (OIT, 2007, p. 72).

A figura trazida pelo artigo 149 do Código Penal é de que este é do tipo aberto, mesmo diante de toda clareza do trabalho escravo e dos muitos trabalhadores efetuados pelos grupos especiais de fiscalização do ministério do trabalho. O trabalhador de forma análoga é considerado um escravo como um modo de produção (SCHWARZ, 2008). Para Ricardo Figueira (2006), alguns programas sociais começaram a existir para que a necessidade das pessoas de prestarem trabalho escravo deixasse de existir, como o programa da Bolsa-Família, programa de Erradicação do Trabalho Infantil (PETI), entre outras medidas, todavia, ainda assim o problema não foi superado.

Desde a adoção da Convenção sobre o trabalho forçado ou obrigatório, adotada em 1930, a OIT vem travando uma luta contra o trabalho escravo, sendo hoje quase universalmente ratificado esse diploma legal. Para a convenção, todo trabalho escravo é contraído através de uma ameaça, não sendo algo voluntário (SILVA, 2017). Já no que concerne à escravidão moderna, apesar de não haver uma definição legal na esfera internacional, este termo é frequentemente usado para expor situações de extrema exploração (SILVA; HAUCHERE, 2017).

Outrossim, a doutrina entende que deve haver um tratamento mais rígido contra à escravidão, sendo adotadas medidas adicionais para a prevenção dela, em cada país; instituindo, ainda, medidas protetivas e de assistência para as vítimas, trazendo para elas um maior acesso à justiça Toda medida tomada deverá ser feita de forma coordenada, utilizando o plano ou a política nacional, consultando empregadores e trabalhadores, fazendo com que todo plano de erradicação seja realmente colocado em prática. Deve ser levado em consideração, nesse processo, que uma das principais dificuldades é exatamente detectar o trabalho forçado e, quando identificado, acompanhar as vítimas, que comumente estão em um estado de vulnerabilidade (SILVA, 2017).

Ainda em relação a isso, destaca-se que o Ministério do Trabalho tem uma parceria com o Ministério do Desenvolvimento Social e Combate à Fome (MDS), que visa priorizar trabalhadores resgatados no acesso ao Bolsa Família (MDS, 2019). O Brasil se comprometeu a punir a prática da escravidão como crime e não só como ato ilícito civil ou trabalhista (art. 149, Código Penal), ou seja, como uma violação à dignidade da pessoa humana (art. 1º, inciso III da Constituição Federal). Todavia, tem-se que muito ainda precisa ser feito para a erradicação dessa prática, não só no âmbito social, como também na legislação pátria. Além de penas mais severas para os agressores, a erradicação do trabalho escravo consiste também em resgatar a dignidade das vítimas, em todas as modalidades contemporâneas dessa prática indigna.

5. Considerações Finais

Inicialmente, é importante destacar a complexidade do tema, qual seja, a escravidão moderna como fator de violação aos direitos humanos no Brasil. No que concerne ao trabalho escravo, que pode ser considerado como fruto de uma construção sociocultural e histórica, tem-se que apesar de todas as leis sancionadas que visam o combate deste, ainda é possível encontrá-lo na sociedade, na vida de diversas pessoas que se submetem a esta prática, seja por falta de autonomia e/ou oportunidade.

Compreender o trabalho escravo como uma problemática que perpassa por questões econômicas, sociais e culturais, é de suma importância para busca da desconstrução e erradicação deste. No entanto, muito ainda precisa ser feito para que as práticas escravocratas sejam de fato abolidas no Brasil, pois a presente pesquisa pode averiguar o quanto elas continuam presentes na atualidade. Foi possível constatar que as formas mais comuns são o trabalho forçado, a jornada exaustiva, a condição degradante e a servidão por dívida.

Pela observação dos aspectos analisados, percebe-se que, de fato, qualquer pessoa economicamente vulnerável pode ser vítima do trabalho escravo contemporâneo, além disso, como exposto, os principais alvos são homens jovens, com média de 32 anos, analfabeto funcional, sendo 80% deles pretos e pardos. Levando em consideração que o trabalho escravo contemporâneo acontece de forma predominante no campo, observa-se que os agressores são, em sua maioria, fazendeiros, que se utilizam do trabalhador com objetivo de obter o máximo de lucro com o mínimo de gasto com a produção.

Portanto, é imprescindível o dever do Estado em agir cada vez mais para erradicar esse crime, pois, apesar das medidas tomadas, ainda há muito a se fazer em relação a essa atitude indigna por parte dos empregadores, que muitas vezes passa despercebida, visto que as vítimas são submetidas a uma situação de grande desigualdade social e injustiça. Como medidas a serem adotadas, cita-se a oferta de educação de qualidade para a sociedade e a maior fiscalização das áreas conhecidas pela utilização de trabalho escravo.

Em vista dos argumentos, ressalta-se que o conhecimento sobre essa problemática é de extrema relevância para que a sociedade se relacione cada vez mais, de maneira racional, com a luta pelo fim desta prática, que aprisiona e coloca em risco a vida de muitas pessoas. Por fim, entende-se a necessidade da criação de medidas mais justas para a erradicação do trabalho escravo no Brasil, que já é evidente que inexistem medidas direcionadas a uma real punição dos agentes que praticam esses atos.

Referências

BAPTISTA, Rodrigo Martins. **Como o Brasil vem enfrentando o trabalho escravo contemporâneo?** Análise da Política Nacional de Erradicação do Trabalho Escravo. 2012. Dissertação (Mestrado em Administração) - Centro Universitário da FEI. São Paulo, 2012.

BRASIL. **Constituição da República Federativa do Brasil de 1988.** Disponível em: https://www.senado.leg.br/atividade/const/con1988/con1988_15.12.2016/art_7_.asp. Acesso em: 02 abr. 2020.

BRASIL. **Decreto-Lei nº 2.848, de 07 de Dezembro de 1940.** Código Penal. Disponível em: http://www.planalto.gov.br/ccivil_03/decreto-lei/del2848compilado.htm. Acesso em: 02 abr. 2020.

BRITO FILHO, *José Claudio Monteiro*. **Trabalho escravo:** caracterização jurídica dos modos típicos de execução. Hendu, 2014. Disponível em: https://periodicos.ufpa.br/index.php/hendu/article/view/1714. Acesso em: 03 abr.2020.

CAZETTA, Ubiratan. A escravidão ainda resiste. In: **Possibilidades Jurídicas de Combate à Escravidão Contemporânea.** Brasília: Organização Internacional do Trabalho, 2007.

CORREA, Felipe. **O trabalho escravo no Brasil.** Confins. 2012. Disponível em: https://journals.openedition.org/confins/7777. Acesso em: 20 abr. 2020.

DOLCE, Julia. **43% da nova "lista suja" do trabalho escravo é**

do agronegócio. Brasil de Fato. São Paulo. 12 de Abril de 2018. Disponível em: https://www.brasildefato.com.br/2018/04/12/43-das-novas-empresas-da-lista-suja-do-trabalho-escravo-sao-do-agronegocio. Acesso em: 05 abr. 2020.

FIGUEIRA, R. R; PRADO, A. A.; GALVÃO, E. M. **Privação de liberdade ou atentado à dignidade: escravidão contemporânea.** 1ª ed. Rio de Janeiro: Mauad X, 2013.

FIGUEIRA, Ricardo Rezende. A escravidão por dívida: novidades e persistências. In: **Direitos Humanos no Brasil 2006:** Relatório da Rede Social de Justiça e Direitos Humanos. São Paulo: Rede Social de Justiça e Direitos Humanos, 2006: p. 61-65.

GIRARDI, E. P.; MELLO-THÉRY, N. A.; THÉRY, H.; HATO, J. Mapeamento do trabalho escravo contemporâneo no Brasil: dinâmicas recentes. **Espaço e Economia.** 2014. Disponível em: http:// journals.openedition.org/espacoeconomia/804. Acesso em: 19 abr. 2020.

MDS – Ministério do Desenvolvimento Social. **O SUAS no combate ao trabalho escravo e ao tráfico de pessoas**, 2019. Disponível em: http://www.mds.gov.br/webarquivos/arquivo/assistencia_soci al/consulta_publica/O%20SUAS%20T.E%20vers%C3%A3o% 20SNAS.pdf Acesso em: 22 abr. 2020.

MIRAGLIA, Lívia Mendes Moreira. **Trabalho Escravo Contemporâneo:** conceituação à luz do princípio da dignidade da pessoa humana. 2008. Dissertação (Programa de Pós Graduação em Direito) - Faculdade Mineira de Direito PUC Minas. Belo Horizonte, 2008.

MONTEIRO, Lilian Alfaia. **Políticas públicas para erradicação do trabalho escravo contemporâneo no Brasil**: um estudo sobre a dinâmica das relações entre os atores governamentais e não-governamentais. 2011. Dissertação (mestrado) - Escola Brasileira de Administração Pública e de Empresas, Centro de Formação Acadêmica e Pesquisa. Rio de Janeiro. 2011.

OIT – Organização Internacional do Trabalho. **Convenção nº 105 - Abolição do Trabalho Forçado.** Disponível em:

https://www.ilo.org/brasilia/convencoes/WCMS_235195/lang--pt/index.htm#note. Acesso em: 02 abr. 2020.

OIT – Organização Internacional do Trabalho. **Normas internacionais sobre trabalho forçado**. Disponível em: https://www.ilo.org/brasilia/temas/trabalho-escravo/WCMS_393063/lang--pt/index.htm#:~:text=A%20OIT%20define%2C%20em%20sua,experimentadas%20ao%20redor%20do%20mundo. Acesso em: 02 abr. 2020.

OIT – Organização Internacional do Trabalho. **Perfil dos principais atores envolvidos no trabalho escravo rural no Brasil.** Brasília: OIT; 2011.

PIERANGELI, José Henrique. **Manual de Direito Penal Brasileiro – parte especial**. 2 ed., volume 2. São Paulo, Editora Revista dos Tribunais, 2007.

SAKAMOTO, Leonardo. **A economia da escravidão**. Reporter Brasil. 2006. Disponível em: https://reporterbrasil.org.br/2006/04/a-economia-da-escravidao/. Acesso em: 21 abr. 2020

SCHWARZ, Rodrigo Garcia. **Trabalho escravo:** a abolição necessária. São Paulo: LTr, 2008.

SILVA, Rosinda; VUONG, Aurélie Hauchère. **O que é realmente necessário para acabar com a escravidão moderna**. 50forfreedom, 2017. Disponível em: http://50forfreedom.org/pt/blog/historias/o-que-e-realmente-necessario-para-acabar-com-a-escravidao-moderna/ Acessado em: 21 abr. 2020.

SOUZA, Fernando Schmidt. **Trabalho Escravo no século XXI:** Uma afronta à dignidade da pessoa humana. 2017. Monografia (Graduação em Direito) - UNIJUÍ. Três Passos (RS), 2017.

Pessoas em situação de rua e poder público: uma análise sobre a criminalização da população invisível

DEBORAH DOS SANTOS SILVA[1]
JOSÉ VIEIRA DE LACERDA NETO[2]

1. Introdução

Por meio de estudos e pesquisas desenvolvidas por especialistas no campo das ciências sociais foi possível identificar as crises econômicas graves e prolongadas que acarretaram o aumento da população sem moradia e emprego, dispostas a ocupar calçadas, viadutos e praças. Pesquisa recente, publicada pelo Instituto de Pesquisa Econômica Aplicada, identificou pouco mais de 100 mil indivíduos vivendo nas ruas, dentre estas, 40% estavam em municípios com mais de 900 mil habitantes e 77% habitavam municípios com mais de 100 mil pessoas. Já nos municípios menores, com até 10 mil habitantes, a porcentagem era bem menor: apenas 6,63%.

Nesse contexto, é preciso evidenciar que, nos últimos anos, vem ocorrendo a criminalização dessa parcela da população, que vem se tornando esquecida perante os demais indivíduos da sociedade, todavia, podem ser facilmente encontrados nas vias públicas. Independente de sexo, cor, raça ou etnia, estes indivíduos se encontram sem domicílio, sendo, então, estigmatizados como delinquentes. À vista disso, além da grande carga de preconceito que estes sofrem na sociedade, o Estado, na procura de uma solução para o problema, tende a adotar medidas coercitivas e punitivas, que ocasionam constrangimento e desconforto para os moradores de rua.

Desse modo, surge o seguinte questionamento: até que ponto a ausência de intervenção do Estado, sobre a situação das pessoas que vivem na rua, é fator determinante para a criminalização destas? Inicialmente, diante de tal situação, salienta-se que essas pessoas

---

[1] Graduanda do Curso de Direito da Faculdade de Ciências Humanas do Sertão Central – Fachusc.
[2] Graduando do Curso de Direito da Faculdade de Ciências Humanas do Sertão Central – Fachusc.

procuram buscar auxílio junto às defensórias públicas para diversas questões, como a regularização de documentos pessoais, acolhimento institucional, atendimento de saúde nas unidades hospitalares e orientações quanto aos benefícios assistenciais, todavia, nem sempre obtém êxito. Ademais, ainda há a dificuldade de criação de normas de proteção, capazes de acompanhar a situação e características desta população e que, por fim, verifique as reais necessidades dessa população.

Outrossim, salienta-se que a ausência de intervenção do Estado contribui diretamente para o processo de criminalização das pessoas que vivem em situação de rua, pois tanto a ausência de implementação de políticas públicas adequadas, quanto à própria repressão exercida sobre essas pessoas, que são tratadas muitas vezes com extrema violência pelos agentes policiais, contribui para a estigmatização desses indivíduos. Ou seja, dentro de uma visão social, eles são considerados escória da sociedade, portadores dos piores males da história, pelos simples fato de morarem nas ruas, isto é, de não possuírem residência. Salienta-se, ainda, que entre as motivações para a ocorrência de tal fenômeno, cita-se a própria exposição prévia desses indivíduos a uma situação de grande desigualdade.

Sendo assim, a principal finalidade desse trabalho foi investigar como a ausência de intervenção por parte do Estado, sobre a situação das pessoas que vivem nas ruas, contribui para a criminalização destas perante a sociedade. De forma específica, pretendeu-se: identificar o perfil das pessoas que vivem em situação de rua e os direitos que estas têm garantidos na legislação; apresentar como tem sido a atuação do Estado, quanto à realização de políticas públicas que visem retirar indivíduos das ruas; e, por fim, analisar como se dá o processo de criminalização destes.

Essa pesquisa foi realizada para que sejam averiguados os maiores prejudicados da ausência de atuação específica do Estado, quais sejam, os moradores de rua. O objetivo é gerar uma melhoria na efetivação de ações que surtam efeitos na vida de cada pessoa, evidenciando quão valiosa é a assistência não só do governo, como também das instituições civis e religiosas. Ademais, apesar da importância das pesquisas anteriormente realizadas, elas não suprem toda a necessidade exigida pela demanda existencial, devido ao aumento exacerbante das pessoas que vivem em situação de rua, que de acordo com pesquisas recentes houve um aumento significativo de 68.078 pessoas, entre 2008 e 2018.

Ante o exposto, para serem obtidos os resultados e respostas acerca da problematização apresentada neste trabalho, foi adotada como metodologia a pesquisa bibliográfica, baseada em trabalhos já existentes, a exemplo de artigos científicos, monografias, livros doutrinários e a legislação pátria. Por fim, a pesquisa, quanto aos seus objetivos, pode ser classificada como descritiva. Será acrescido a essa indagação os inúmeros abusos sofridos, seja do poder estatal, do policiamento, da população e até mesmo das crises e abandonos familiares, buscando contribuir com o conhecimento acerca das pessoas que necessitam de cuidado e de proteção aos direitos já instituídos.

2. Das pessoas em situação de rua

De acordo com Karl Marx (1983), a história das pessoas em situação de rua remonta o surgimento das sociedades pré-industriais na Europa, em que o fenômeno da desapropriação e expulsão dos camponeses de suas terras ocorreu, sem que, com isso, as indústrias os empregassem com a mesma celeridade que estavam disponíveis. Sendo assim, muitos se transformaram em mendigos, ladrões, vagabundos, principalmente por força das circunstâncias, fazendo aparecer o pauperismo, relacionada diretamente com a pobreza, as más condições de vida e o trabalho, decorrente do mundo capitalista.

Esse grande contingente de indivíduos está sempre presente nos movimentos da oferta e da procura de trabalho, mantendo-se dentro dos limites condizentes com os propósitos de exploração e de domínio do capital (MARX, 1988). Assim, os reflexos destas condições estruturais e históricas das sociedades nas ruas, asseguram a acumulação e origem do capital, resguardando a história, a economia e o social de cada país. Porém, ressalta-se que a população em situação de rua é aquela população estagnada, que ocupa locais precários e irregulares.

Segundo Schuch (2008), desde da década de 80, acentua-se um índice preocupante, para os representantes do poder público, relacionado aos popularmente conhecidos como "moradores de rua", denominados, atualmente, devido as políticas públicas brasileiras, como "pessoas em situação de rua". Em que pese possuir vários conceitos, essa população é definida como pessoas diversas que circulam nas ruas e fazem dela local de moradia, usando diversos serviços para sua proteção e busca de direitos. Esse conceito, ao invés de buscar apenas uma categorização de determinados fatores em comum, aborda os atributos de normalidade relacionados a essa.

De acordo com o Decreto n° 7.053/2009, criado para atribuir direitos a esta parcela da população, os moradores de rua é um grupo populacional heterogêneo, composto por pessoas com diferentes realidades, mas que têm em comum a condição de pobreza absoluta, relação interrompida ou debilitada e a falta de habitação convencional regular. Nesse aspecto, o indivíduo é compelido a utilizar a rua como espaço de moradia e sustento, por contingência temporária ou de forma permanente, passando a noite nas ruas, à exemplo de marquises, praças, viadutos e pontes. Além disso, ocupam também locais degenerados, como prédios, casas abandonadas e esqueletos de carros (PNPR, 2009).

Conforme pesquisa realizada pelo Ministério de Desenvolvimento Social (2008) em combate a fome, através de um acordo de cooperação assinado com a Organização da Nações Unidas, foi possível a descoberta de dados sobre a população em situação de rua no país inteiro. Por meio da pesquisa, foram localizados 31.922 pessoas que vivem nessas condições, distribuídos em 71 municípios, sendo tais estatísticas fundamentais para identificar o perfil desses indivíduos. Isto posto, destaca-se que 82% dessa população é composta por homens, sendo 18% mulheres, tendo essa entre 26 e 35 anos; além disso, 39,1% é parda, 27,9% preta e 29,5% branca.

Considerando o último senso do IBGE (2012), tem-se 53% são pardos e negros e 46% brancos. Outrossim, destaca-se que nos últimos dez anos, houve um aumento de 14,2 mil no contingente de pessoas que vivem nas ruas, uma elevação de 150% comparando a anos anteriores. Além disso, o que seria um problema provisório passa a ser permanente, pois há indivíduos que estão há cerca de 5 anos morando nas ruas ou em albergues. Baseado nessa realidade, percebe-se que o perfil atribuído a essas pessoas é de pobreza, devido a condição socioeconômica ser lamentável, de extrema vulnerabilidade até mesmo para cometimentos de delitos

Segundo dados do Ministério de Desenvolvimento Social (2008), estes indivíduos afirmaram ter ganhos em torno de R$ 20,00 a R$ 80,00 semanais, através do exercício de trabalhos informais. Então, importante salientar que essas pessoas, componentes da classe baixa da sociedade, nem sempre são pedintes ou mendigos, existe uma parcela de 52,6% que, de maneira informal, possuem uma renda, havendo a possibilidade de até mesmo terem a carteira assinada, em construções civis, campos de materiais recicláveis etc. Porém, não é algo que estabeleça conforto para as suas vidas, isto é, que possibilite o pagamento de todas as suas despesas, inclusive, o aluguel de um local onde possa residir.

Ademais, segundo Brognoli (1996), destaca-se que o ingresso na vivência das ruas também acontece devido às rupturas trabalhistas, sem falar nas condições indignas que muitas vezes estes são submetidos no trabalho, como possuir um salário abaixo do mínimo legal. Então, tem-se que a experiência cotidiana da vida nas ruas possui como marcas a pobreza, os vestígios de violência, os vínculos com a criminalidade, o preconceito, a solidão e o desespero. Diante desse contexto, Brognoli ainda vai dizer que:

> Muitos sujeitos ao viverem experiências difíceis veem na rua a possibilidade de "apagar os rastros de sua existência [...] ou seja afasta-se das suas vivencias, lugares, pessoas que remetam as lembranças da sua própria história de vida, afins de apagar qualquer indicio de sofrimentos ocasionados pela conduta familiar ou de terceiros envolvidos (BROGNOLI,1996, p. 89).

Dificilmente, poderá ser destacado apenas um fator para o ingresso nas ruas, os fatores mais frequentes são: álcool e/ou drogas ilícitas; desentendimentos familiares, como a separação conjugal; mortes de seus progenitores ou o fato de esses se encontrarem presos; inclusão de outros parceiros no âmbito familiar; violência sexual e física; falta de escolaridade; fome; e miséria (FERREIRA & MACHADO, 2007; BROGNOLI, 1996; SILVA, 1988).

Ferreira e Machado (2007), em relação a isso, vão dizer que os moradores de rua, além de serem submetidos a diversos ataques, pela população e por policiais, ainda estão envolvidos nas disputas por objetos ou territórios, o que pode provocar brigas e mortes. Todavia, para além disso, essa população morre, muitas vezes, de forma precoce devido a carência de cuidados higiênicos, desenvolvendo problemas como tuberculose ou doenças sexualmente transmissíveis.

3. Políticas públicas implementadas para atribuição de direitos a pessoa em situação de rua

O cenário de mudanças para com essa situação teve início no final dos anos 80, e no começo dos anos 90, com a Constituição Federal, que admitiu os direitos sociais como direitos fundamentais para todos os cidadãos. Em face dos artigos 203 e 204 da aludida Carta Magna, a Lei Orgânica da Assistência Social – LOAS (Lei nº 8.742/1993), ratificou a assistência social como política pública. Sendo assim, foi atribuído ao poder público a função de garantir serviços, atividades e programas que assegurassem medidas padronizadas mínimas à população de rua, relacionadas a ética, a dignidade, a uma não-violência, um "mínimo social" e direitos de cidadania a essa parcela da sociedade.

A Lei 8.742/1993, em seu artigo 15, consta que os municípios devem, juntamente com as organizações da sociedade civil: desempenhar projetos para combater a pobreza e atender às ações assistenciais de caráter de emergência (inciso IV); prestar os serviços assistenciais de que trata (inciso V); cofinanciar o aprimoramento da gestão, os serviços, os programas e os projetos de assistência social em âmbito local (inciso VI); e, por fim, realizar o monitoramento e a avaliação da política de assistência social em seu âmbito (inciso VII). Ademais, caracteriza essas atividades como contínuas, pois têm o intuito de melhorar a vida dessa população.

A aludida lei, em seu artigo 2º, parágrafo único, evidencia a importância da participação da sociedade nesse processo:

> As entidades não governamentais de assistência aos moradores de rua poderão participar dos convênios a serem firmados e sua atuação estará subordinada aos órgãos públicos responsáveis pela política de assistência social envolvidos na execução do Programa.

Destarte, é importante destacar a propositura do Projeto de Lei nº 299/2004, que visa autorizar o Poder Executivo a criar o Programa Nacional de Inclusão da População de Rua, que é uma mudança em benefício da inserção desses ao mercado de trabalho, bem como da sua assistência emergencial e permanente. A Secretaria Municipal de Assistência e Desenvolvimento Social de São Paulo (2005), é um exemplo disso, tendo como objetivo a reconstrução de albergues e abrigos para promover um amparo mais humanizado a essa população, bem como ampliar moradias provisórias e otimizar colaboradores que visem progresso na qualificação trabalhista. Quanto a isso, tem-se que em 2005 foram reformados três albergues: Portal do Futuro, Espaço Luz e Nova Conquista.

Além disso, a população em situação de rua, utiliza de meios de subsistência, segundo passagem da obra de Vieira, Bezerra e Rosa (2004). Entre essas estratégias, cita-se o uso de manobras de sobrevivência, em que a mais relevante é a busca pelas chamadas bocas de rangos, locais que se disponibilizam a partilhar comidas, realizados em vias públicas predominantemente, como, por exemplo, praças, viadutos e parques. Concentrado no centro da cidade, na maiorias das vezes, nos finais de semanas, por instituições filantrópicas com caráter assistencial.

Ante o exposto, tem-se que a Constituição Federal de 1988 tem por objetivo, em seu artigo 3º, inciso III, extinguir a pobreza e a marginalização, bem como minimizar as desigualdades sociais e regionais. Ao demarcar e identificar o valor do Direito Constitucional e da Constituição Federal, vê-se que a carência social encontra uma posição respeitável na história e motilidade deste ramo do direito. Além disso, destaca-se que a Carta Magna prevê como direitos sociais "a educação, a saúde, a alimentação, o trabalho, a moradia, o transporte, o lazer, a segurança, a previdência social, a proteção à maternidade e à infância, a assistência aos desamparados" (art. 6º), direitos que devem ser assegurados a todos os cidadãos, inclusive as pessoas que vivem em situação de rua.

Diante do exposto, constata-se uma grave violação dos direitos básicos da população em situação de rua, pois não possuem uma moradia, meios de subsistência, nenhuma ou pouca assistência básica. Desse modo, existe um descompasso com o Estado Democrático de Direito, que é fundamentado no princípio da dignidade da pessoa humana e prega que "todo poder emana do povo". A realidade é que diversas pessoas se encontram em condições deploráveis de vida, o que revela a faceta da desigualdade e da exclusão social que atinge cada vez mais pessoas que não se enquadram no modelo econômico, devido à falta de acesso para uma qualificação profissional, consequentemente, pela ausência de diversos fatores, usam a rua provisoriamente ou permanentemente (SILVA, 2006).

Segundo Maria Lucia Lopes (2006), é função do Estado atribuir e assegurar ao homem as condições mínimas, básicas de existência com base nos mecanismos remetidos aos textos constitucionais, principalmente ao que rege o princípio da dignidade da pessoa humana. Com base nas falhas estatais, para minimizar os contrastes degradantes das pessoas em situação de rua, foi criado o Decreto n.º 7.053/09, que em seu art. 1º institui a Política Nacional para a População em Situação de Rua, a ser implementada de acordo com os princípios, diretrizes e objetivos traçados no Decreto. Assim, permite-se a criação de políticas públicas para assegurar o que já existia, ressaltando a importância destas para a concretização e diminuição da utilização das vias públicas como abrigo, lar permanente ou provisório.

Conforme também previsto no Decreto nº 9.894, de 27 de junho de 2019, no seu artigo 1º dispõe sobre o Comitê Intersetorial de Acompanhamento e Monitoramento da Política Nacional para a População em Situação de Rua. O Estado atuava historicamente como forma de controle e repressão desde a época colonial, marginalizando os vadios. Essa forma de atuação veio ser modificada em meados de 2000, com um olhar segmentado na inclusão socialmente destes, criando ambientes de participações, controle nacional com as políticas públicas através da comunicação verbal (PEREIRA, 2011).

Cabe citar, ainda, Oliveira (2016, p.68) que afirma: "A partir dos anos 2000, com as reorientações nas políticas sociais, especificamente na política de assistência social, a questão da rua passa a ser debatida na ótica da exclusão e da vulnerabilidade". Dentre elas, foi criado em referência a política nacional, o centro pop (art. 7º da Lei nº 7.053/2009) e o consultório de rua para auxiliar e ampara-los. No entanto, apesar da postura ter sido remodelada pelo poder estatal, as condutas higienistas e segregadoras permanecem e resultam conflitos entre as Políticas Sociais e Políticas de Segurança Pública ou Políticas Urbanas (AIEXE, 2011).

4. A criminalização do hipossuficiente

Como já dizia Gabriel o Pensador (1993), na música "O Resto é do mundo", a pessoa que vive nas ruas não tem nome, identidade, nem certeza se é mesmo gente. Além de ser visto como mendigo, indigesto e vagabundo, ele se vê como um ninguém: sujo, feio e antissocial. Que não pode aparecer no cartão postal, pois é considerado poluição para classe rica da sociedade, sabe da sua nacionalidade, é brasileiro, mas, não cidadão.

Conforme já evidenciado, desde a época da colonização, a realidade para negros e pobres no Brasil é a da criminalização. Pela historicidade brasileira, em que o sistema colonial ocasionou a escravidão, de maneira imposta para servir, atendendo as preferências desse sistema, ela evidenciou também a desigualdade entre a classe dominante, comparando as condições miseráveis dos escravos (COTRIM, 1993). De acordo com Iamamoto:

Cabe lembrar que, na formação sócio-histórica da sociedade

brasileira, os pobres e a pobreza se constituíram presenças marcantes, sobretudo por conta do escravismo e da forma pela qual o capitalismo se desenvolveu no país, a pobreza foi entendida e vista como sinônimo de "vadiagem", de "amoralidade" e de qualquer outro elemento vinculado à delinquência e à criminalidade (IAMAMOTO, 2008 apud BRISOLA, 2012, p. 30-32).

Diante desse contexto, quem desfrutou de papel fundamental para desonrar os espaços ocupados pelos "negrinhos", foi a mídia devido à proximidade inconveniente nas cercanias das cidades. Paulatinamente foram sendo empurrados para fora das zonas centrais das cidades, dando lugar a limpeza e higienização das cidades. A vivência nas ruas compõe um outro mundo apartado da formalidade comum, razão pela qual a segurança pública é pouco utilizada, embora os serviços de segurança sejam eventualmente buscados, eles são vistos pela população de rua com desconfiança, o que pode significar uma condição de conformidade ou "anestesia em relação a violência" (BARROCCO, 2011, p. 106).

Por outro lado, de maneira generalizada, as políticas públicas de segurança direcionadas a essas pessoas não tem um objetivo protetivo, mas para a criminalização comportamental e "tolerância zero" em função da desobediência cometida. Wacquant (2003) aborda o tema relatando qual tem sido a tendência dos projetos de política criminal do último período, em especial a partir do modelo norte americano. No entanto, é importante destacar que não existe um classificação para quem deve fazer parte desses grupos, porque todos os que residem nas ruas possuem raças e características distintas.

Segundo Eduardo Henrique Lopes de Figueiredo (2016), os moradores de rua fazem parte de um grupo que entra no esquecimento de toda a sociedade e das políticas públicas, embora esses grupos estejam todos os dias no olhar de cada pessoa que passam por locais públicos, eles conseguem passarem despercebidos, sendo tratados como indiferentes. Na prática, a sociedade é incapaz de sentir humanidade pelas pessoas que se encontram em situações assim, vivendo em ruas, semáforos e esquinas.

O Ministério de Desenvolvimento Social e da Fome (2015), destaca que o mais curioso é que as pessoas que se encontram nessa situação, estão ali por motivos diversos, muitas vezes até por não terem escolha, seja por falta de oportunidade, por não terem tido apoio familiar, por drogas, por alcoolismo ou outros diversos motivos. A questão é que a população de rua, ainda assim, deve ter seus direitos resguardados, principalmente direitos que dizem respeito à sua dignidade como pessoa humana, isto porque é no momento mais vulnerável da vida de um ser humano que esses direitos devem ter eficácia.

É incompatível associar uma boa alimentação, higiene, respeito e pacatez a quem reside nas ruas. Além desses grupos terem que conviver com a precariedade de necessidades para sua sobrevivência, ainda lidam com o desrespeito da sociedade, que os tratam como ninguém. Se faz necessário que a sociedade tenha um olhar mais humano para com esses moradores de rua, que os respeitem, ao invés de os tratarem com indiferença, e muitas vezes até com violência, como se vê todos os dias nos grandes centros urbanos.

A Constituição Federal de 1988, no seu art. 5º, *caput*, visa manter a igualdade entre todos os cidadãos, mas infelizmente essa previsão legal não está sendo efetivada, isto porque existe uma ausência de igualdade por parte do Estado para que esses direitos sejam usufruídos por todos os cidadãos. Um dos principais fatores que causou essa desigualdade social, foi a influência histórica, devido a pobreza do Brasil ter sido tratada sempre como algo marcante, existindo desde o tempo de escravidão (GUERRA, 2016).

Ainda é evidente a influência de épocas passadas, isto porque, antes a pobreza era sinônimo de qualquer coisa que estivesse ligada a criminalidade, e por esse histórico e outras razões, muitos moradores de ruas ainda enfrentam o preconceito vindo da sociedade, que estigmatizam os moradores de rua como seres não merecedores de respeito e sensibilidade. É excruciante como a questão dos moradores de rua é uma circunstância que já se tornou comum e grande parte da população já está acostumada com ela, tornando o fato de passar por as pessoas que residem em ruas e não conseguirem mais enxerga-las como serem humanos, vendo essa situação como senso comum (ZAFFARONI, 2006).

5. Considerações Finais

Ficou evidenciado no presente trabalho que os antes conhecidos como "moradores de rua" surgem Segundo Karl Marx, a partir da expulsão dos camponeses de suas terras e sua desapropriação, decorrente das chamadas sociedades pré-industriais, na qual, foram obrigadas a se tornarem mendigos, vagabundos, por não serem incluídos nas novas diretrizes trabalhista. O mundo capitalista evidenciou e relacionou a estas pessoas a pobreza de maneira direta, pois, as más condições de vida e a escassez de trabalho, os obrigaram a fazer parte dessa classe considerada como, estagnados e ocupantes de locais precários.

Através do decreto n° 7.053/2009, houve a consolidação de alguns direitos dos mesmo, inclusive a denominação anteriormente como moradores de rua migrando para pessoas em situação de rua, ou seja, um grupo heterogêneo constituído por pessoas diversas, comumente interligados pela pobreza absoluta derivada da carência habitacional, que os levam a buscar a rua como um lar provisório ou permanente, por falta de moradia ou abandono familiar que por vias estão atrelados ao vício de substancias psicoativas. Uma pesquisa realizada em 71 municípios no ano de 2008, trouxe um levantamento de 31.922 pessoas em situação de rua, identificando o perfil destas. Entre elas, na sua maioria homens pretos e pardos, no quais são estigmatização como a população da criminalidade.

Através do loas e aludida carta magna, foi ratificado os direitos sociais como direitos fundamentais a todos os cidadãos, com isso ocorreu modificações diante dos que se encontram em situação de rua. Pois, o estado deve garantir o mínimo social para com esses, mediante atividades, serviços e programas padronizados. Porém, antes da criação de tais medidas para garantir alguma dignidade as pessoas em situação de rua, a constituição federal já previa que o estado com base no princípio da dignidade da pessoa humana, atender as necessidades básicas de existências.

No entanto, os decretos surgem para minimizar as rupturas e a ineficácia da atuação do estado, cujo sistema sempre tratou de repressão e controle sobre os mesmos, para manter a ordem. Por mais que as leis que asseguram os interesses de o "mínimo social", não é suficientemente, pois, a atuação de maior combate a fome destes é de instituições religiosas. O estado, não impõe medidas eficientes, devido ao maior fator de influência para o aumento cada vez maior de pessoas que vão para a rua, o desemprego.

Conforme já evidenciado, desde a época da colonização, a realidade para negros e pobres no Brasil é a da criminalização. Por outro lado, de maneira generalizada, as políticas públicas de segurança direcionadas a essas pessoas não tem um objetivo protetivo, mas para a criminalização comportamental e "tolerância zero" em função da desobediência cometida. A Constituição Federal de 1988, no seu art. 5°, caput, visa manter a igualdade entre todos os cidadãos, mas infelizmente essa previsão legal não está sendo efetivada, isto porque existe uma ausência de igualdade por parte do Estado para que esses direitos sejam usufruídos por todos os cidadãos.

Referências

AIEXE, Maria Almeida *et al.* Reflexões sobre a política municipal para a população em situação de rua de Belo Horizonte. Em Pensar BH/Política Social. Belo Horizonte, 2011

BARROCO, M. L. S. Barbárie e neoconservadorismo: os desafios do projeto ético-político. Revista Serviço Social e Sociedade, São Paulo, n. 106, p. 205-218, abr./jun. 2011.

BRASIL. Constituição da República Federativa do Brasil de 1988. Brasília: Senado Federal 1988. Disponível em: http://www.planalto.gov.br/ccivil_03/constituicao/constituica o.htm. Acesso em: 07 jun.2020.

________. Decreto n° 7.053, de 23 de dezembro de 2009. Institui a Política Nacional para a População em Situação de Rua e seu Comitê Intersetorial de Acompanhamento e Monitoramento, e dá outras providências. Disponível em: http://www.planalto.gov.br/ccivil_03/leis/2002/l10406.htm. Acesso em: 06 jun. 2020.

________. Decreto n° 7.053, de 23 de dezembro de 2009. Institui a Política Nacional para a População em Situação de Rua e seu Comitê Intersetorial de Acompanhamento e Monitoramento, e dá outras providências. Disponível em: https://www.lexml.gov.br/urn/urn:lex:br:federal:decreto:2009-12-23;7053. Acesso em: 27 mar. 2020.

________. Decreto n° 9894, de 27 de junho de 2019. Dispõe sobre o Comitê Intersetorial de Acompanhamento e Monitoramento da Política Nacional para a População em Situação de Rua. Disponível em: http://www.in.gov.br/web/dou/-/decreto-n-9.894-de-27-de-junho-de-2019-179414737. Acesso em: 06 jun. 2020. 06 de maio.

________. Lei n° 8.742, de 07 de dezembro de 1993. Dispõe sobre a organização da assistência social e dá outras providencias. Disponível em:

http://www.planalto.gov.br/ccivil_03/leis/l8742compilado.htm. Acesso em: 05 mai.2020.

______. Ministério do Desenvolvimento Social e Combate à Fome. Secretaria Nacional de Assistência Social. Política Nacional para Inclusão Social da População em Situação de Rua; 2008. Disponível em: http://www.coepbrasil.org.br/portal/Publico/apresentarArquivo.aspx?ID=2954. Acesso em: 28 mar. 2020.

______. Projeto de lei do Senado Federal n° 299 de 2004. Autoriza o poder executivo a criar o Programa Nacional de Inclusão Social da população de rua e da providência. Disponível em:https://legis.senado.leg.br/sdleg-getter/documento?dm=3736012&ts=1594014086896&disposition=inline. Acesso em: 05 mai.2020.

BROGNOLI, Faria Felipe. Trecheiros e Pardais: estudo etnográfico de nômades urbanos. 1996. 216 f. Dissertação (Mestrado em Antropologia social) - CFH/Universidade Federal de Santa Catarina, 1996. Disponível em: https://repositorio.ufsc.br/xmlui/handle/123456789/76494. Acesso em: 30 mar.2020.

COTRIM, Gilberto. Fundamentos da Filosofia. São Paulo: Saraiva, 1993.

FERREIRA, F. P. M.; MACHADO, S. Vidas privadas em espaços públicos: os moradores de rua em Belo Horizonte. São Paulo: Editora Cortez; 2007.

FIGUEIREDO, Eduardo Henrique Lopes de; GUERRA, Daniela de Lima Ranieri. Da população em situação de rua: A criminalização do invisível. RIPE – Revista do Instituto de Pesquisas e Estudos, Bauru, v.50, n.66, p.160-176, jul./dez. 2016. Disponível em:file:///C:/Users/PESSOAL/Desktop/ARTIGO%20CIENTIFICO/CAPITULO%203.pdf Acesso em: 6 mai. 2020.

IAMAMOTO, M. V. A questão social no capitalismo. Revista Temporalis. Brasília: Abepss, n. 3, p. 09-32, jan.-jul./ 2004.

IBGE – Instituto Brasileiro de Geografia e Estatística. População em situação de rua: relatório do teste-piloto. Rio de Janeiro:

IBGE, 2012. Disponível em: https://agenciadenoticias.ibge.gov.br/agencia-noticias/2012-agencia-de-noticias/noticias/18282-populacao-chega-a-205-5-milhoes-com-menos-brancos-e-mais-pardos-e-pretos/ http://repositorio.ipea.gov.br/bitstream/11058/7289/1/td_2246.pdf. Acesso em: 28 mar. 2020.

MACHADO, H. (Orgs.). Ciência, identificação e tecnologias de governo. Porto Alegre: Editora da UFRGS/Cegov, 2008.

MARX, Karl. A dialética do Trabalho: escritos Marx e Engels. São Paulo: 2º ed, 2005.

______. O processo de trabalho e o processo de valorização (Cap. V). In: O capital: crítica da economia política. Livro Primeiro, Volume I, Tomo 1.

MDS. Orientações Técnicas: Centro de Referência Especializado para População em Situação de Rua – Centro Pop. Brasília: Secretaria Nacional de Renda e Cidadania e Secretaria Nacional de Assistência Social Ministério do Desenvolvimento Social e Combate à Fome, 2005. Disponível em: http://www.mds.gov.br/webarquivos/publicacao/assistencia_social/Cadernos/orientacoes_centro_pop.pdf. Acesso em: 7 mai.2020.

OLIVEIRA, Laís Santos. População em situação de rua no Brasil: da invisibilidade à crise de inefetividade dos direitos humanos fundamentais. **Revista Jus Navigandi**, ISSN 1518-4862, Teresina, ano 21, n. 4837, 28 set. 2016. Disponível em: https://jus.com.br/artigos/52032. Acesso em: 28 mar. 2020.

OLIVEIRA, M. G. P. N. Consultório de rua: relato de uma experiência. Dissertação (mestrado) – Instituto de Saúde Coletiva, Universidade Federal da Bahia. Salvador: 2009. Disponível em: https://www.ipea.gov.br/sites/images/mestrado/turma2/jose_carlos_gomes_barbosa.pdf. Acesso em: 2 jun. 2020

PEREIRA, Potyara A. Degradação do trabalho e políticas sociais "ativas" na ordem neoliberal: aproximações ao caso brasileiro. SER Social, v. 17, n. 37, p. 455-480, 1 jun. 2016.

__________. Necessidades Humanas: Subsídios à crítica dos mínimos sociais. 3 ed. – São Paulo. Cortez,2011.

__________. Questão social, serviço social e direitos de cidadania. In: Temporalis. Ano II, n .3, p.51-62. 2ºed. Brasília: Gráfica Odíssea, 2004.

PREFEITURA MUNICIPAL DE SÃO PAULO. Secretaria Municipal de Assistência Social e fundação de pesquisa econômica-FIPE. Estimativa do numero de pessoas em situação de rua da cidade de São Paulo em 2005. Relatório da pesquisa São Paulo: FIPE/SAS, 2005ª.

São Paulo: Abril Cultural (Coleção Os economistas), 1983.

SCHUCH, P. A legibilidade como gestão e inscrição política de populações: notas etnográficas sobre a política para pessoas em situação de rua no Brasil. In: FONSECA, C.;

SILVA, A. C. da. A pós-vanguarda e a epistemologia do lugar. São Paulo: Mimeogr, 1996.

SILVA, Maria Lucia Lopes. Mudanças recentes no mundo do trabalho e o fenômeno população em situação de rua no Brasil. 2006 (Dissertação Mestrado em Política Social) Universidade de Brasília, Distrito Federal,2006. Disponível em:file:///C:/Users/PESSOAL/Desktop/ARTIGO%20CIE NTIFICO/artigo%20pronto%202.pdf. Acesso em:4 mai.2020.

SILVA, Valeria Cristina Pereira. Palmas, a última capital projetada do século XX: uma cidade em busca do tempo. São Paulo: Cultura Acadêmica, 2010.

VIEIRA, Maria Antonieta da Costa; BEZERRA, Eneida Maria Ramos; ROSA, Cleisa Moreno Maffei (Orgs.). População de rua: quem é, como vive, como é vista. 3. ed. São Paulo: Hucitec, 2004.

WACQUANT, L. Punir os pobres. 2. ed. Rio de Janeiro: Revan, 2003.

ZAFFARONI, Eugenio Raul. El enemigo en el derecho penal. Buenos Aires: Ediar Editora, 2006, p.170.

ZAFFARONI, Eugenio Raúl; PIERANGELI, José Henrique. Manual de direito penal brasileiro: parte geral. 11. ed. São Paulo: Revista dos Tribunais, 2015.

O policiamento ostensivo à luz dos direitos humanos: o desamparo ao sofrimento psíquico dos policiais militares

José Neves Grangeiro Neto[1]
Jordana Queiroz Ramos[2]

1. Introdução

O policial militar exerce na sociedade um papel de extrema relevância no que diz respeito à segurança pública e o cumprimento do dever legal. Buscando sempre agir em conformidade com a lei e visando assegurar através da ordem, as garantias e os princípios por ela ditados. Entretanto, a cobrança social e institucional resulta em uma excessiva carga de trabalho, constituindo tal categoria como uma das mais propensas ao risco de vida e ao stress. Em pesquisa divulgada no ano de 2019 pelo Grupo de Estudo e Pesquisa em Suicídio e Prevenção, fora apresentado números alarmantes acerca da tentativa e da consumação do suicídio na classe: os números mais que dobraram nos últimos anos.

Além da excessiva carga de trabalho, é importante salientar que as condições rígidas, disciplinares e hierárquicas as quais a corporação é imposta, resulta muitas vezes em relações conflituosas dos policiais com o sistema de justiça e com o público. Diante disso, surge o seguinte questionamento: Quais os principais problemas que acometem o agente de segurança pública, no que tange ao exercício profissional, e as medidas que podem ser aplicadas para prevenir possíveis danos a estes? À priore, destaca-se que a cobrança institucional e social, a disciplina rígida e o alto risco ocupacional, ocasionam na atividade profissional do policial militar stress, desgaste emocional e desamparo psíquico na atuação diária dessa classe.

A realização desse estudo, além de buscar a conscientização e um olhar mais empático da população para com esses profissionais, busca incentivar uma capacitação mais adequada para área, trazendo

---

[1] Graduando do Curso de Direito da Faculdade de Ciências Humanas do Sertão Central – Fachusc.
[2] Graduanda do Curso de Direito da Faculdade de Ciências Humanas do Sertão Central – Fachusc.

à tona, a importância desses no cotidiano da sociedade. A presente pesquisa justifica-se, ainda, pois visa a promoção da saúde dos trabalhadores das instituições policiais, o que irá contribuir para enriquecer o conhecimento, sob um olhar crítico e reflexivo, a respeito dos ambientes de trabalho, bem como da organização e estrutura dos órgãos de policiamento, agregando valor à área de conhecimento.

Sendo assim, o objetivo geral desse trabalho foi identificar os maiores problemas enfrentados pelos policiais no exercício profissional, bem como as medidas que possam prevenir a ocorrência destes. Já de forma específica, pretendeu-se: analisar como os elementos históricos influem no exercício da atividade policial; especificar os danos de cunho moral e psicológicos enfrentados pelo agente de segurança pública no ambiente profissional; e, por fim, abordar as medidas de prevenção e de auxílio ao policial que podem ser aplicadas dentro das delegacias e quartéis da polícia.

A metodologia abordada tem como base uma pesquisa de revisão bibliográfica, de natureza descritiva e abordagem qualitativa que objetivou investigar quais são os principais sofrimentos psíquicos ocasionados em policiais militares em decorrência de sua profissão. Para tanto, foram utilizadas publicações científicas, como artigos, monografias e dissertações, datando do período de 2005 a 2018, consultadas nas bases de dados eletrônicas Scielo, Pepsic e BVS, utilizando os descritores suicídio, psicologia e polícia militar.

2. Origem, evolução e organização da Polícia Militar

A atividade policial teve origem no Brasil no período imperial, mais precisamente no governo de Dom Pedro I, em que os responsáveis, isto é, presidente das províncias, não possuíam os meios corretos e adequados para instaurar a ordem pública local. Consequentemente, surgiu, então, a figura da Polícia Militar, cujo fundamento até os dias atuais consiste na mesma ideologia: a manutenção e a aplicação da ordem pública. A Policia Militar era compreendida como uma estrutura mantenedora dos interesses das classes mais favorecidas (MERLO; MENDES, 2009).

Em meio a sua evolução histórica, devido a esse favorecimento social das classes altas, a polícia construiu uma imagem de instituição repressora, ao cumprir as ordens governamentais, e opressoras das classes desfavorecias e necessitadas do amparo da segurança pública.

Nessa época, pouco se discutia sobre a Policia Militar em sua dimensão humana e na figura pessoal de homens e mulheres que apenas se colocavam à disposição dos seus governantes, buscando apenas atender as necessidades estatais.

É preciso enfatizar, também, o autoritarismo vivido no Brasil, entre 1964 e 1984, e o controle, por ele, dentro das corporações policiais. Esse velho padrão contraditório dividiu sociedade e polícia, fazendo com que por muitos anos o tema de direitos humanos fosse considerado antônimo de Segurança Pública. O legado da ditadura militar, pela qual passou o Brasil, e a crítica situação a qual se encontrava o país, originou um conflito entre Segurança Pública e sociedade, fazendo com que ambas se enxergassem como inimigas durante esse período.

Para Machado, Traesel e Merlo (2015), trabalhar esse tema a partir da história, visa, justamente, debater a ideia de que a visão que a população tem hoje acerca da polícia é fruto de um processo histórico, em que o Estado utilizava seu braço armado para o controle de setores da população vistos como perigosos para a ordem social estabelecida. Diante disso, conclui-se que os conceitos e opiniões vistos até os dias atuais, quanto à desumanização da instituição, é oriunda da consequência de seus precedentes históricos, eis, então, a importância de abordar nesse capitulo o seu surgimento.

Ademais, é necessário enfatizar que, acima de tudo, a polícia surgiu como consequência natural para o progresso do bem-estar e da segurança dos grupos sociais. Nesse aspecto, o Desembargador do Tribunal de Justiça de São Paulo, Diodato Lioy comenta que:

> A Polícia não deve velar senão pelo progresso da sociedade e dos bons costumes, pelo bem-estar do povo e pela tranquilidade em geral. Ela foi, com a Justiça, instituída para assegurar a execução das leis, e não para infringi-las, para garantir a liberdade dos cidadãos e não para cerceá-la, para salvaguardar a segurança dos homens de bem, e não para envenenar a fonte do bem-estar social. Não deve ela transpor os limites da segurança pública ou particular, nem sacrificar o livre exercício das faculdades do homem e dos direitos civis, por um violento sistema de precaução (LYON, 2013, p. 06).

Originando-se dos antecedentes e das necessidades de adequação da instituição, o ordenamento jurídico brasileiro tratou de organizar e estabelecer minuciosamente as funções e atividades a serem exercidas por essa categoria. A Polícia Militar, no âmbito nacional, limita suas ações ao policiamento ostensivo, preventivo, repressivo imediato e da preservação da ordem pública, sendo que cada Estado e o Distrito Federal possui sua própria Polícia Militar, subordinadas ao Governador do Estado a que pertencem.

A Constituição Federal de 1988 aduz em seu artigo 144, que a segurança pública, dever do Estado, direito e responsabilidade de todos, é exercida para a preservação da ordem pública e da incolumidade das pessoas e do patrimônio, através dos seguintes órgãos, dentre eles no seu inciso V, as Polícias Militares e o corpo de bombeiros. O parágrafo 5º, do mesmo artigo complementa que as polícias militares cabem à polícia ostensiva e a preservação da ordem pública.

Segundo Spode e Merlo (2006), o policial militar subordina-se, ainda, ao Código Penal Militar e seu próprio processo penal, realçando, assim, o rigor institucional quanto ao seu estrito cumprimento do dever legal, tratando os casos que envolvem a classe com uma certa especialidade quando se trata de responsabilização por crimes praticados por estes ou quando praticam infrações disciplinares internas, atentando contra a hierarquia e disciplina acarretando-os a sanções administrativas.

Ante o exposto, tem-se, ainda, que foram construídos empecilhos à atuação policial, que tende a focar apenas a reputação institucional, sem levar em consideração o lado pessoal, emocional e humano de homens e mulheres que cumprem fielmente o seu dever, arriscando suas vidas, na luta para desempenhar com perfeição o seu papel de tal maneira que satisfaça aos olhos da sociedade em geral sobrecarregando-os psicologicamente a pressões internas e externas.

3. Direitos humanos e polícia militar: hierarquia versus humilhação

O equilíbrio emocional dos profissionais que exercem essa atividade é indispensável não somente na ação policial, mas também perante a instituição e a hierarquia instituída. Mesmo sendo ações injustificáveis, é notório que policiais visivelmente estressados sobrecarregados e, infelizmente, humilhados, tendem a descontar suas frustações nas abordagens diárias. De forma evidente e de auto composição institucional, a hierarquia é vista como um elemento essencial a organização da instituição. Entretanto, é preciso fazer uma distinção clara entre os preceitos de hierarquia e humilhação, entre a ordem e a perversidade.

Spode e Merlo (2006) trazem à tona o cerne do problema, que

em sua maioria das vezes começam nos Cursos de Formação de Soldados (CFSD), onde os policiais por muitas vezes são adestrados e treinados para o pior, para um cenário de guerra. Cenário este, sentido de diversas formas pelos alunos ali presentes e que na pior das hipóteses, geram traumas, medos e angustias. Os autores complementam ainda, que em dados momentos o sinônimo de força e determinação é medido pelo teor da humilhação suportada, em que muitas vezes os aspirantes a soldados são submetidos a testes que vão contra qualquer preceito humanitário e constitucional que visem assegurar a dignidade da pessoa humana.

Para Ricardo Brisolla Balestreri (2003), por uma contaminação repassada a anos da ideologia militar, os futuros policiais são, muitas vezes, submetidos a violento estresse psicológico, a fim de atiçar-lhes a raiva contra o inimigo, inimigo esse, que no stress e impulso das situações, acaba sendo o cidadão e si mesmo. Com isso, é válido afirmar que a complacência na transgressão interna dos direitos humanos dos policiais militares cria uma espécie de reação, dando início, assim, a ações despreparadas, sádicas e muitas vezes, violentas. Sendo necessário, mais do que nunca, vez alinhar em linha tênue os direitos humanos e a instituição militar.

Mais do que nunca, os policiais devem ser treinados não como objetos de guerra, mas sim como cidadãos dotados de humanismo, que terão de agir nas ruas das cidades. Uma má formação desprovida de respeito gera apenas brutalidade, incompetência e despreparo para as reais situações vividas. O respeito aos superiores em hipótese alguma deve ser vista como base de humilhação, chantagem, soberania e medo. A verdadeira hierarquia só pode ser exercida com base na lei e na lógica, longe, do personalismo e do autoritarismo doentios. Balestreri completa ainda

> A hierarquia é fundamental para o bom funcionamento da polícia, mas ela só pode ser verdadeiramente alcançada através do exercício da liderança dos superiores, o que pressupõe práticas bilaterais de respeito, competência e seguimento de regras lógicas e supra pessoais (BALESTRERI, 2003, p. 77).

No extremo oposto, há quem pense que a debilidade hierárquica é também um mal, podendo passar uma imagem de descaso e desordem no serviço público, além de enredar uma confusão da burocracia policial. Visão essa, segundo Machado, Traesel e Merlo (2015), vista pelos profissionais mais antigos na corporação. Essa classe lida com a permissão para o uso da força, das armas, do direito a decidir sobre a vida e a morte. Essas permissões quando associadas a algum sofrimento psíquico dentro da instituição é, infelizmente, a porta de entrada para os piores dos males, ao próximo e a si mesmo.

A polícia é vista e posta como linha de frente para lidar, resolver e cuidar os piores dramas vividos pela sociedade. É nesse sentido que emana-se o conceito de que o profissional também precisa ser cuidado, acompanhado e respeitado. A instituição não pode tirar desses profissionais a dignidade da pessoa humana, visto não só como um princípio constitucional, mas também mundial. **O policial é, antes de tudo, um cidadão, e na cidadania deve ser incorporado seu real sentido. Por isso, mais do que qualquer outro profissional deve ter sua estabilidade emocional respeitada e conservada, pois possuem a missão de ser uma espécie de "porta voz" popular do conjunto de autoridades das diversas áreas do poder.**

Ricardo Brisolla Balestreri faz uma importante abordagem, também, acerca da visibilidade moral passada não só pelos membros, mas pela instituição ao todo:

> Curiosamente, um significativo número de policiais não consegue perceber com clareza a enorme importância que têm para a sociedade, talvez por não haverem refletido suficientemente a respeito dessa peculiaridade do impacto emocional do seu agir sobre a clientela. Justamente aí reside a maior força pedagógica da polícia, a grande chave para a redescoberta de seu valor e o resgate de sua auto-estima (BALESTRERI, 2003, p. 62).

Ou seja, essa clareza ética da polícia é o mais sólido dos argumentos diante da temática. Velar pela ordem pública é dar o exemplo de modo vigorosamente fundamentado em princípios. A violência descontrola e desumaniza o indivíduo. Diante disso, conclui-se que não há grandes distinções entre a violência e os abusos sofridos em face da violência aplicada. Receber pulsões negativas da instituição a qual deveria servi-lhe de apoio termina proliferando-se e consequentemente trazendo desequilíbrio emocional para a sua vida de tal maneira que o faça refletir no seu dia a dia.

O policial em questão, em momentos de fraqueza, devido está psicologicamente afetado, deixam aqueles a quem deviam proteger, fortemente vulneráveis em decorrência do seu ato de não atuar em plena consciência ou por ter sido moldado a agir daquela maneira. Por essa razão, qualquer ação praticada incorretamente ou fora da normalidade, irá deixar marcas para uma vida inteira, pois a população espera por ações que visem o bem-estar de todos.

4. Os principais problemas psíquicos ocasionados em policiais militares em decorrencia de sua atividade profissional

Como já mencionado no decorrer do artigo, no tocante a atuação do policial militar, deve-se considerar o fato de que o estresse está diretamente vinculado ao trabalho deste profissional. Isto é, suas atividades se desenvolvem constantemente em meio conflitivo, fazendo com que a saúde deste seja afetada drasticamente, não apenas pela operacionalidade de seu trabalho, mas também pelos aspectos organizacionais das instituições policiais.

Santos (2019), ao realizar um estudo com a corporação militar do Rio de Janeiro, além de observar o desgaste físico e mental dos policiais, decorrente da pesada carga horária de trabalho e do stress, pode observar também a prevalência do bruxismo na população estudada. Além disso, indicou que as atividades profissionais diárias desempenhadas por esses profissionais estão intimamente relacionadas a questões de sofrimento psíquico, como: distúrbios do sono; transtornos de ansiedade, de estresse pós-traumático e/ou de humor bipolar; abuso de álcool e outras drogas; e depressão. Além disso, ainda há o uso desregrado de medicamentos controlados, podendo levar até a mais drásticas das atitudes, o suicídio.

No que diz respeito ao índice de suicídio entre profissionais da polícia militar, destaca-se a importância das estatísticas divulgadas pelo Grupo de Estudo e Pesquisa em Suicídio e Prevenção – Gepesp (2016). Na pesquisa, coordenada pela professora Dayse Miranda, fora verificado que entre os praças há um aumento relativo de declarações de pensamentos suicidas e tentativa de suicídio em comparação aos soldados, cabos e sargentos (grupo controle), o que não é observável entre os oficiais policiais militares. Ou seja, nota-se que as classes mais baixas no sistema hierárquico são as mais afetadas psicologicamente com a tensão, o stress e as demais síndromes, trazendo à tona e, desta vez com embasamento em uma pesquisa cientifica, o quão divergente é o tema abordado no segundo capitulo entre a hierarquia e a humilhação (GEPESP, 2016).

Ademais, tem-se, ainda, que quase 50% dos policiais que tentaram suicídio não contaram com ninguém para evitar uma nova tentativa sobre o incidente, ou seja, o menor apoio institucional, funcional e social, não fora prestado. Ressaltando, assim, a figura tida de homens e mulheres blindados de emoções e frustrações, que possuem por si só força interna para lidar com as lacunas psicológicas, o que não condiz com a realidade.

Isto posto, salienta-se que mais do que nunca as pesquisas e os estudos ressaltam a solidão, o medo e o desamparo vivido diariamente pela classe, uma vez que os participantes da pesquisa alegaram não ter uma política de auxilio e prevenção por parte da corporação. Todavia, apesar desses fatos, a sociedade não tem refletido acerca do sofrimento psíquico ocasionado pela atuação policial, pelo contrário, acredita-se que os policiais militares são seres blindados emocionalmente.

Essa visão termina contribuindo para uma maior cobrança de postura dos policiais, o que dificulta o direcionamento de um olhar empático para estes indivíduos, que deixam de ser vistos como seres humanos dotados de vulnerabilidade e direitos. Nesse sentido, faz-se extremamente necessário o desenvolvimento de programas de prevenção e tratamento direcionados ao atendimento desta população, como o investimento na capacitação e sensibilização dos atores responsáveis pela gestão de setores estratégicos da corporação. Contudo, tais ações exigem mudanças tanto de comportamentos, quanto de percepções influenciadas por uma cultura organizacional marcada por preconceitos.

Por último, mas não menos importante, a pesquisa elaborada e desenvolvida pelo GEPESP (2016) observou no nível individual, ou seja, no que se refere à saúde física e emocional do policial, problemas com o sono e "Pouco interesse ou pouco prazer em fazer as suas atividades de trabalho" estão estaticamente associados ao comportamento suicida na população examinada. Esse comportamento é denominado como Síndrome de Burnout, que justifica o esgotamento no trabalho ser capaz de prejudicar diretamente a saúde do trabalhador.

Tatiana Pimenta comenta que:

> A Síndrome de Burnout reduz a produtividade e a energia, afetando diretamente o sono, deixando você se sentindo cada vez mais indefeso, desesperançado e ressentido. Eventualmente pode desenvolver sintomas de **depressão** (PIMENTA, 2016, s.p.).

Para Silveira *et al.* (2014), a prevenção institucional voltada a Polícia Militar deve ter por objetivo, então, a sensibilização de gestores e/ou comandantes para que estes possam estar capacitados para intervir de forma assertiva quando necessário. Para tanto, são realizadas capacitações e esclarecimentos a respeito do suicídio, bem como dos transtornos mentais, que devem ser acompanhadas de mudança comportamental e da superação de preconceitos. Nesse sentido, é importante frisar não só a atenção necessária do alto escalação da instituição militar, mas também da população.

Diante do exposto, conclui-se que a própria natureza do trabalho do policial militar pode conduzi-lo para o afastamento progressivo da sociedade, bem como de seus familiares e amigos, visto que a atividade exige dele certa despersonalização. Por conta disso, após anos exercendo a profissão, o policial tende a levar tal despersonalização para suas relações familiares e pessoais. Como já mencionado anteriormente, os altos níveis de exigência e cobranças sociais também funcionam como fatores de degradação, stress e pressão para os policiais militares. Uma ação conjunta entre autoridades e sociedade na busca de humanizar mais a profissão e seus agentes com certeza funcionaria como política de prevenção e resultaria na redução dos dados tão trágicos existentes.

5. Considerações Finais

Durante a elaboração do presente artigo, buscou-se refletir e analisar quais fatores do ambiente de trabalho militar pode propiciar o adoecimento psíquico dos que ali laboram. Um tema de suma importância e que, infelizmente, é pouco explorado, demonstrando o quanto o agente de segurança pública, mais especificamente o policial militar, transita por esta linha tênue entre combater a violência e ser vitimado por perturbações que afetam a sua saúde mental.

Utilizando referências bibliográficas e dados encontrados referentes ao ambiente laboral, ressaltou-se o quanto a disciplina e a hierarquia colaboram para o adoecimento do policial militar. Sendo assim, entre os principais fatores que conduzem a essa situação, destaca-se: o ambiente de trabalho, o rigor hierárquico, o plano de ação mal estruturado, a constante precarização do trabalho, a organização do trabalho, sua hierarquia e também a falta de apoio psicológico por parte do Estado.

Apesar da alta taxa de policiais que padecem com isso, o Estado ainda não fornece um apoio para eles. Na realidade, seria necessário a criação de uma equipe multidisciplinar para minimizar os efeitos do estresse no ambiente de trabalho, preservando a saúde mental do profissional. Além disso, deve-se investir na conscientização acerca da saúde mental, desenvolvendo projetos que busquem garantir, influenciar e assegurar a integridade humana. Ações essas, partidas não só do Estado, mas também do meio social.

Apesar de existirem alguns programas e parcerias nesse sentido, o que representa algo a se comemorar, não se pode perder o anseio em mudar a organização, principalmente as formas de pensar para que a saúde mental esteja presente cada vez mais dentro do ambiente de trabalho. A ação deve transformar o indivíduo positivamente e não o aprisionando e reduzindo o seu trabalho, por isso, a importância da criação de centros de apoio de prevenção, tratamento e acompanhamento aos profissionais se faz tão importante.

Ademais, essas medidas devem ser desenvolvidas, principalmente, com ênfase nas políticas de prevenção. Ou seja, é necessário fazer com que o policial militar se sinta bem em seu ambiente de trabalho, confortável com o trabalho a ele imposto e, principalmente, com discernimento para aceitar que este também possui limitações e barreiras emocionais que devem e merecem ser escutadas e respeitadas. Isso, definitivamente, já seria um grande passo para a solução do problema debatido.

Referências

BALESTRERI, R. B. **Coisa de Polícia** – CAPEC (Centro de Assessoramento a Programas de Educação para a Cidadania), 2003.

BRASIL. **Constituição da República Federativa do Brasil de 1988**. Disponível em: https://www.senado.leg.br/atividade/const/con1988/con1988_15.12.2016/art_7_.asp. Acesso em: 02 abr. 2020.

GEPESP – Grupo de Estudo e Pesquisa em Suicídio e Prevenção. **Por que policiais se matam?** Org. Dayse Miranda. Rio de Janeiro: Mórula Editorial, 2016. Disponível em: http://gepesp.org/wp-content/uploads/2016/03/POR-QUE-POLICIAIS-SE-MATAM.pdfAcesso em: 20 abr. 2020.

MACHADO, C. E.; TRAESEL, E. S.; MERLO, A. R. C. (2015). Profissionais da Brigada Militar: vivências do cotidiano e subjetividade. **Psicologia Argumento,** *33*(81),238-257, 2015.

MERLO, A. R. C. Psicodinâmica do trabalho. Em M. G. Jacques & W. Codo (Eds.). **Saúde mental e trabalho:** Leituras (pp. 42-

130). Petrópolis, Brasil: Vozes, 2002.

MERLO, A. R. C.; MENDES, A. M. B. Perspectivas do uso da psicodinâmica do trabalho no Brasil: Teoria, pesquisa e ação. **Cadernos de Psicologia Social do Trabalho**, 12(2),141-156, 2009.

SANTOS, R. O. B *et al.* O sofrimento psíquico de policiais militares em decorrência de sua profissão: revisão de literatura. **RGS**. 20(2), p. 14-27, 2019.

SILVEIRA, L. C.; FEITOSA, R. M. M.; PALÁCIO, P. D. B. A escuta do sofrimento psíquico relacionado ao trabalho: contribuições da psicanálise para o cuidado em saúde. Psicologia em Revista, Belo Horizonte, 2014; 20(1): 19-33, 2014.

SPODE, C. B.; MERLO, A. R. C. Trabalho policial e saúde mental: uma pesquisa junto aos Capitães da Polícia Militar. **Psicologia: Reflexão e Crítica**, *3*(19),362-370, 2006.

PIMENTA, T. **Síndrome de Burnout**: o esgotamento no trabalho pode deixar você doente. Portal Vittude, 2016. Disponível em: https://www.vittude.com/blog/sindrome-de-burnout/. Acesso em: 19 abr. 2020.

Transexualismo nas forças armadas: a inconstitucionalidade do afastamento de militar transexual

CYNTHIA ALVES ARAÚJO LEITE[1]
JEAN DAVID ALVES DE JESUS MARCENES[2]

1. Introdução

As ações dos militares devem sempre se basear na ética militar, pois sendo esta uma obrigação que intimamente ligada aos valores e deveres militares. A obrigação da ética militar está disposta no artigo 28 do Estatuto dos Militares, por sua vez, o dever militar está disposto no artigo 31, do mesmo Estatuto, sendo definido como o conjunto de vínculos racionais, bem como morais, que ligam o militar ao seu serviço e compreendem a dedicação e a fidelidade à Pátria, cuja honra, integridade e instituições devem ser defendidas mesmo com o sacrifício da própria vida.

Todavia, nos últimos anos muitas irregularidades foram praticadas dentro do serviço militar, ferindo a ética que embasa seu Estatuto e a principal delas se tratam dos processos de aposentadorias forçadas e licenças impostas aos militares transexuais, como por exemplo o caso de Maria Luzia, primeira transexual das Forças Armadas do Brasil, forçada a se aposentar sob o argumento de incapacidade definitiva para o serviço militar, quando comunicou à Aeronáutica que era uma mulher trans e que iria fazer a transição (g1.globo.com, 2018). Dentro desse contexto, surge o seguinte questionamento: Até que ponto o impedimento para a atividade militar dos transexuais/transgêneros se constitui uma violação direta aos preceitos da Constituição Federal do Brasil?

Acerca da presença dos transgêneros nas forças armadas, e os motivos dos afastamentos, nota-se que o processo de transformação reflete diretamente os direitos individuais e sociais de liberdade que

---

os transexuais possuem. O direito de trabalhar com dignidade é prejudicado em razão de preconceitos e dificuldades de inserção no mercado de trabalho. Há uma falta de legislação específica, a qual regule esses direitos, o que também contribui para a não observação de alguns direitos fundamentais, por exemplo, o de não discriminação, o de igualdade e o de trabalho digno.

Desse modo, o principal objetivo desse trabalho foi analisar o impedimento/afastamento da comunidade LGBTI da atividade militar, com base nos preceitos da Constituição Federal. Já de forma específica, pretendeu-se: apontar os direitos e as dificuldades da comunidade LGBTI, especialmente a situação dos transgêneros e transexuais; analisar os casos de impedimento/afastamento de pessoas transgêneros e transexuais no serviço militar; e, por fim, verificar a inconstitucionalidade do impedimento/afastamento da comunidade LGBTI na atividade militar.

Além disso, o presente artigo discutirá todos os desafios e avanços dos direitos da comunidade LGBTI ao longo da história, bem como a omissão legislativa e as violações cometidas por aqueles que detém determinado "poder". Para tanto, levará em consideração os direitos previstos na Constituição Federal e na Declaração Universal dos Direitos Humanos de 1948, pretendendo-se abordar a ideia de que os direitos LGTBI são direitos humanos e fundamentais, a fim de questionar as condutas praticadas pelas corporações militares brasileiras.

Ademais, o presente artigo se justifica com base na inconstitucionalidade dos atos discriminatórios realizados pelas corporações militares brasileiras, onde os casos de afastamento de militares transexuais se tornaram mais frequentes e ganharam repercussão na mídia. Nesse sentido, este trabalho possui uma relevância social, tendo em vista que a proposta é fazer uma análise acerca da referida inconstitucionalidade, a fim de trazer a baila as irregularidades cometidas e repudiar a discriminação, bem como incentivar a luta da classe LGBTI em busca de seus direitos, principalmente no campo profissional.

Ante o exposto, quanto à metodologia, adotar-se-á o método de pesquisa do tipo pesquisa bibliográfica, que enfocará a temática a partir dos aspectos históricos e jurídicos, através da coleta de instrumentos textuais como: legislação atualizada, jurisprudências pátrias, doutrinas pertinentes e publicações/reportagens de caráter técnico acerca do tema abordado. Por fim, a pesquisa pode ser classificada como descritiva.

2. Dos direitos e das barreiras sociais enfrentadas pelos transexuais no Brasil

O reconhecimento dos direitos da comunidade LGBTI no território brasileiro remonta a época da independência, quando por influência do Código de Napoleão e com a extinção do tribunal de inquisição, ocorreu a descriminalização da homossexualidade em 1823 (MOTTI, 2006). Nas últimas décadas, tem-se ocorrido, embora em passos lentos, a expansão desses direitos. À nível mundial, aponta-se que desde 1980, a ONU tem sido foro para demandas e debates acerca dos direitos da comunidade LGBTI, com destaque para o programa sobre a Síndrome da Imunodeficiência Adquirida (HIV-AIDS) (NAGAMINE, 2019), tendo em conta que, conforme os dados da própria Organização da Nações Unidas – ONU (2020), "o risco de infecção pelo HIV é 12 vezes maior para pessoas trans".

Da mesma forma, os Tribunais Brasileiros vêm se manifestando corriqueiramente em demandas de integrantes da comunidade LGBTI, por direitos relacionados à orientação sexual ou à identidade de gênero (NAGAMINE, 2019), a exemplo da Decisão do Supremo Tribunal Federal (STF) – assunto de repercussão geral – proferido no bojo do RE nº 845779/SC em 2014. Assim, ao passo que as decisões judiciais têm promovido o reconhecimento de direitos, o Congresso Nacional tem encontrado resistência para reconhecer as demandas por igualdade. Em 2016, por exemplo, os transexuais e travestis conquistaram o direito de usar seu nome social em todos os órgãos públicos, autarquias e empresas estatais federais, sendo eles funcionários ou usuários, por força do Decreto nº 8.727, precisamente em seus artigos 1º e 6º, *in verbis:*

> Art. 1º. Este Decreto dispõe sobre o uso do nome social e o reconhecimento da identidade de gênero de pessoas travestis ou transexuais no âmbito da administração pública federal direta, autárquica e fundacional.
>
> *Parágrafo único.* Para os fins deste Decreto, considera-se:
>
> I – nome social – designação pela qual a pessoa travestis ou transexual se identifica e é socialmente reconhecida; e
>
> II – identidade de gênero – dimensão da identidade de uma pessoa que diz respeito à forma como se relaciona com as representações de masculinidade e feminilidade e como isso se traduz em sua prática social, sem guardar relação necessária com o sexo atribuído

no nascimento.

[...]

Art. 6º. A pessoa travesti ou transexual poderá requerer, a qualquer tempo, a inclusão de seu nome social em documentos oficiais e nos registros dos sistemas de informação, de cadastros, de programas, de serviços, de fichas, de formulários, de prontuários e congêneres dos órgãos e das entidades da administração pública federal direta, autárquica e fundacional.

Entretanto, antes dessa vitória, outros direitos básicos da população LGBTI já tinham sido conquistados, após um longo período de luta, entre eles, o reconhecimento da união homoafetiva como entidade familiar (ADI 4277/ADPF 132), o casamento homoafetivo (Resolução 175 do CNJ), adoção de crianças por casais homoafetivos (ADI 4277/ ADPF 132), reconhecimento jurídico da redesignação sexual, bem como os benefícios previdenciários de pensão por morte e auxílio-reclusão também passaram a valer para casais homossexuais (art. 30 da Instrução Normativa do INSS nº 20/2007).

Vale ressaltar, ainda, que no ano de 2019, o STF, através de Decisão proferida no bojo da ADPF 600/PR, suspendeu o artigo 165-A da Lei Orgânica Municipal de Londrina/PR que proibia a abordagem de conteúdos relacionados a questões de gênero na rede municipal de ensino, argumentando que proibir tal debate em sala de aula impedirá que os alunos sejam orientados a respeito do assunto, um dos passos para o fim da descriminação. No mesmo ano, ocorreu o julgamento da Ação Direta de Inconstitucionalidade por Omissão nº 26 e do Mandado de Injunção nº 4733, que versa sobre a criminalização da homofobia e transfobia.

Por meio da aludida decisão, o STF, por maioria, reconheceu a mora do Congresso Nacional para incriminar atos atentatórios a direitos fundamentais dos integrantes da comunidade LGBTI e decidiu que as condutas homofóbicas e transfóbicas se enquadram como tipo penal definido na Lei do Racismo (Lei nº 7.716/1989), até que lei específica seja criada. Diante disso, é importante destacar que embora não exista lei infraconstitucional que trate especificamente acerca dos direitos da comunidade LGBTI, estes encontram respaldo na Declaração Universal dos Direitos Humanos, bem como na Carta Magna brasileira.

Neste aspecto, tem-se que a Constituição Federal de 1988, no seu artigo 3º, inciso IV, prevê como um dos seus objetivos: "[...]

promover o bem de todos, sem preconceitos de origem, raça, sexo, cor, idade e quaisquer outras formas de discriminação". Por sua vez, a Declaração Universal dos Direitos Humanos, no seu artigo 1º discorre que: "todos os seres humanos nascem livres e iguais em dignidade e em direitos[...]". Sendo assim, o principal embasamento da República Federativa do Brasil deve ser a defesa da dignidade da pessoa humana.

No que tange ao princípio da dignidade da pessoa humana, Alexandre de Moraes assinala que:

> A dignidade é um valor espiritual e moral inerente à pessoa, que se manifesta singularmente na autodeterminação consciente e responsável da própria vida e traz consigo a pretensão ao respeito por parte das demais pessoas, constituindo-se em um mínimo invulnerável que todo estatuto jurídico deve assegurar, de modo que, somente excepcionalmente, possam ser feitas limitações ao exercício dos direitos fundamentais, mas sempre sem menosprezar a necessária estima que merecem todas as pessoas enquanto seres Humanos (MORAES, 2007, p. 46-47).

Nessa esteira, a sexualidade deve ser entendida como direito que decorre da própria condição humana, tendo em vista a liberdade do indivíduo de se orientar sexualmente da maneira que quiser. Ademais, em janeiro desse ano, durante a celebração do Dia da Visibilidade Trans em Brasília, representantes da ONU e membros de organizações brasileiras apontaram que: "A vulnerabilidade social, o preconceito e a discriminação ainda são barreiras encontradas por pessoas trans no emprego, o que afeta negativamente sua admissão, permanência e ascensão no mercado formal de trabalho" (ONU, 2020, s.p.).

Nesse cenário, os transexuais são os integrantes da comunidade LGBTI mais marginalizados e estigmatizados na sociedade. Nessa senda, ainda de acordo com representantes da ONU: "O preconceito e a discriminação ocorrem, muitas vezes, a partir de atos velados, como a exigência de que as pessoas trans usem o nome de registro ou uniformes de trabalho que não condizem com sua identidade de gênero, por exemplo" (ONU, 2020, s.p).

Ademais, de acordo com um informativo divulgado pelo Projeto de Monitoramento de Homicídios Trans (2017), o Brasil lidera o *ranking* de violência transfóbica no cenário mundial. Frisa-se, ainda, que a solução para redução da discriminação e violência contra transexuais se justifica à luz do princípio democrático e da necessidade de proteção das minorias. Nesse sentido, o ministro do

STF, Luís Roberto Barroso, em voto proferido no RE 845.779 RG/SC declarou que: "Vivemos, porém, em um Estado Democrático de Direito, o que significa dizer que a maioria governa, mas submetida à necessária observância aos direitos fundamentais – de quem quer seja, qualquer que seja sua identificação de gênero".

Portanto, o movimento pelos direitos LGBTI ainda tem muito o que conquistar, devendo a democracia ser utilizada como principal aliada nessa batalha pelo reconhecimento de direitos, tendo em vista que embora se trate do governo da maioria, é também uma dimensão substantiva que envolve a proteção dos direitos fundamentais das minorias. Ou seja, a verdadeira democracia defende o reconhecimento dos direitos de todos os cidadãos, sobretudo da parcela que historicamente esteve destituída de oportunidades de reivindica-los.

3. Casos de afastamento de transexuais do serviço militar no Brasil

É notória a situação de marginalidade em que se encontram os direitos dos LGBT's no Brasil, em destaque para a tutela dos transexuais, que ainda dependem do formalismo do judiciário para requerer questões básicas como autenticidade de seu nome social, emissão de novos documentos, dentre outras demandas indispensáveis para um convívio social digno. Muito embora os debates aquecidos nas últimas décadas tenham repercutido em esferas com maior concentração de poder, esta pauta ainda se posiciona em um patamar distante do plano ideal.

Este quadro se alastra tendo em vista que ainda que o ordenamento jurídico já tenha implementado determinados diplomas normativos que tenha como objeto a garantia de parte dos direitos da comunidade *trans*, contudo, no campo prático, estes possuem significativa dificuldade para ter os mesmos reconhecidos, essencialmente, por conta da predominância de procedimentos burocráticos e do conservadorismo típico presente na maior fração das regiões brasileiras.

O objeto central deste tópico é tratar dos aspectos factuais e jurídicos acerca da situação dos transexuais que optam por ingressar no serviço militar, sobretudo, as hipóteses que resultaram em afastamento destes da já referida corporação, bem como, a sua análise com base do filtro constitucional. Entretanto, se faz necessário pontuar alguns elementos introdutório da atividade das

Forças Armadas no país, como forma de contextualizar as peculiaridades que este segmento possui.

Em linhas gerais, as Forças Armadas – em qualquer que seja a nação, será composta por um conjunto de0 corporações que, unidas, serão competentes pela defesa do país, normalmente, representadas por uma frente terrestre, naval e aérea. A depender das complexidades de cada Estado soberano – sejam em relação a sua posição como *player* da comunidade internacional, pelos seus problemas internos ou pelo orçamento ao qual o mesmo dispõe, esta dinâmica pode assumir uma nova metodologia, (SOUZA; GARCIA, 2014).

A nível nacional, a composição das Força Armadas do Brasil (FAB), é formada pela organização tradicional desta instituição, sendo dividida em: Marinha do Brasil – no eixo náutico; o Exército Brasileiro – representante do eixo terrestre; e, por fim, a Força Aérea Brasileira – que como se extrair da própria denominação, é competente pela atividade aérea. A primeira característica importante a ser destacada é o caráter obrigatório do serviço militar para os cidadãos de sexo masculino, que ao completarem a maior idade devem se alistar, sob o regime reservista (GRECO, 2006).

Em contrapartida, tem-se que a Lei n° 4.375 prevê em seu texto que:

> Art 2° Todos os brasileiros são obrigados ao Serviço Militar, na forma da presente Lei e sua regulamentação.
>
> § 2° As mulheres ficam isentas do Serviço Militar em tempo de paz e, de acordo com suas aptidões, sujeitas aos encargos do interesse da mobilização. (BRASIL, 1964)

A partir disso, destaca-se que os parâmetros utilizados para decretar o alistamento compulsório é o critério etário e de gênero, sendo este último o que de fato tem relevância para esta discussão. Ainda que a obrigatoriedade para ingressar no serviço militar não seja avaliada como uma grave violação de direito por parte do senso comum, no caso dos transexuais, o direito lesado está diretamente ligado à sua dignidade, não sendo pertinente que todos os seus esforços no sentido de um reconhecimento público sejam ignorados (RIOS, 2010).

As corporações militares ostentam uma imagem de ser um dos segmentos mais rígidos do país, sendo detentores de uma hierarquia muito bem definida, por meio da qual são estabelecidas as diretrizes de sua organização. A associação desta instituição com adjetivos como disciplina, conservadorismo e tradicionalismo é direta, o que divide opiniões nos debates sociais, havendo o posicionamento de alguns no sentido de que são estes atributos que contribuem para as Forças Armadas terem o prestígio que têm até os dias de hoje (SOUZA; GARCIA, 2014).

Já outros, entendem que essa estrutura deveria passar por significativas mudanças, principalmente no que diz respeito à flexibilização de algumas regras – de teor mais dogmáticos, que se fazem presentes nos regimentos internos destes. É o caso do tratamento igualitário entre todos que desejem ingressar na ativa do serviço militar, inclusive, os transexuais. Isso não é apenas uma questão de igualdade, mas de dignidade, como foi falado acima (PINTO, 2005).

Os ramos das forças armadas contam com algumas peculiaridades que fazem com que estes tenham liberalidade para se organizar, como, por exemplo, o fato de haver uma Justiça Especial Militar, em todas as instâncias do Poder Judiciário, para apurar as demandas oriundas destes. Nesse sistema, o que evidencia a vulnerabilidade que os transexuais estão submetidos é a questão do afastamento do serviço militar, essencialmente, seu alinhamento ou não com os preceitos traçados pelas forças armadas. Este afastamento é comum após o militar se declarar transexual ou a corporação o identificar desta forma (PINTO, 2005).

Neste sentindo, os transexuais que desejavam permanecer em seus postos militares decidiram procurar as autoridades pertinentes para buscar os seus direitos. O primeiro relato que se tem notícia é do final da década de setenta, situação protagonizada por Maria Luiza, em 1979. Maria Luíza nasceu com o sexo masculino e ingressou nas Forças Aéreas quando atingiu a maioridade, apresentando-se como homem. Todavia, após mais de duas décadas de prestação exemplar de serviço, essa se dirigiu até o alto escalão de sua corporação e comunicou iria fazer os procedimentos de transição para se tornar uma mulher, gênero ao qual ela se reconhecia e gostaria de ser identificada (GLOBO, 2020).

Todavia, ao tomar conhecimento, seus superiores além de ignorarem a solicitação dela, ainda lhe afastaram de seu posto por meio de uma aposentadoria compulsória. Como forma de fundamentar a presente decisão, foi descriminado no documento o diagnóstico de transexualíssimo, o que serviu de justificativa para caracterizá-la com incapacidade definitiva para o serviço militar.

Mesmo com o descaso das autoridades da época, a história de Maria Luiza é conhecida hoje como a primeira transexual da FAB (GLOBO, 2020).

Todavia, este não foi um caso isolado, entre os inúmeros afastamentos que não foram publicitados como motivados pelo fato do militar ser transexual, subsistem situações recentes de *trans* que após a aposentadoria compulsória, procuraram seus direitos na via judicial. Dentre estes dilemas está o de Bruna, que também prestou serviço por mais de duas décadas, porém, na Marinha. Bruna atuava no posto de segundo sargento, e ao informar que mudaria de gênero, sofreu o mesmo tratamento de Maria Luíza e muitas outras (BRASIL, 2017).

Ao procurar suporte junto a órgãos da Defensoria Pública, Bruna ingressou com uma ação no intuito de retornar ao seu posto na Marinha brasileira. Ao final do processo, o provimento judicial se deu no intuito de tirar os efeitos do afastamento, permitindo que a militar reassumisse o seu cargo. Após a repercussão na mídia de casos como o de Bruna e Maria Luíza, o Ministério Público Federal emitiu uma nota oficial às Forças Armadas Brasileira informando que abriria inquéritos civis com a finalidade de apurar o histórico de afastamento que possam ter como motivação o fato do militar ser transexual (BRASIL, 2017).

Reforçando a importância da medida tomada pelo MPF, comenta o professor Gonçalves:

> A Constituição Federal de 1988, em seu art. 5º , X, inclui entre os direitos individuais, a inviolabilidade da intimidade, da vida privada, da honra e da imagem das pessoas, fundamento legal autorizador da mudança de sexo jurídico de transexual que se submeteu a cirurgia de mudança de sexo, pois patente seu constrangimento cada vez que se identifica como pessoa de sexo diferente daquela que aparenta ser (GONÇALVES, 2016, p. 138).

Muito embora, nos últimos anos seja possível identificar certa evolução do tratamento desta temática, sobretudo, no âmbito dos tribunais, a realidade é que tais questões ainda carecem de um cuidado especial nas pautas desenvolvidas pelas instituições competentes. A Constituição Federal de 1988 garante que todos devem ser tratados de forma isonômica, independentemente de sua raça, religião, gênero, orientado sexual, dentre outras características que não podem abrir margem para condutas discriminatórias, orientação esta que se aplica também a estrutura das Forças

Armadas.

4. Da inconstitucionalidade dos afastamentos/impedimentos de transexuais no serviço militar brasileiro

Inicialmente, ressalta-se que "[...] as instituições militares são dotadas de tutela especial, que visa à manutenção de sua regularidade, pela proteção de outros bens jurídicos: a vida, a integridade física, a honra, a hierarquia e a disciplina" (NEVES; STREIFINGER, 2012, p. 90). Nessa aspectos, conforme leciona Fabiano Caetano Prestes *et al.* (2017), as leis militares são norteadas por importantes princípios constitucionais, como por exemplo, os princípios da legalidade, da intervenção mínima, da lesividade ou ofensividade e o da humanidade.

A respeito do princípio da lesividade ou ofensividade, vale ressaltar que as leis militares devem incidir sobre situações de condutas graves que ofendam ou violem os bens jurídicos de terceiros, não devendo incidir sobre estados existenciais, ou seja, atitudes internas e que não excedem o âmbito do próprio indivíduo, a exemplo das condutas apenas moralmente reprovadas. No que tange ao princípio da humanidade, é importante mencionar que este se encontra "diretamente ligado ao fundamento republicano da dignidade da pessoa humana" e, por essa razão, "o Direito não pode vilipendiar a esfera da higidez do ser humano, em seus mais diversos aspectos" (NEVES; STREIFINGER, 2012, p. 112).

Em respeito aos citados princípios constitucionais, vários pareceres e decisões decorrentes do Poder Judiciário foram redigidos contra arbitrariedades encontradas nos textos das Leis Militares, referente a atos discriminatórios contra membros da comunidade LGBTI. A título de exemplo, cita-se a decisão do STF proferida, em 2015, no bojo da Arguição de Descumprimento de Preceito Fundamental – ADPF nº 291, ao declarar como não recepcionados pela Constituição Federal de 1988 os termos "pederastia ou outro" e "homossexual ou não", expressos no artigo 235 do Código Penal Militar (CPM), tendo em vista que tais expressões revelam uma postura discriminatória e ofendem direitos fundamentais.

Da mesma maneira, práticas discriminatórias foram percebidas dentro do serviço militar, nos casos de licenças e aposentadorias compulsórias de militares transexuais. A respeito dessa situação, o Ministério Público Federal, em 2018, divulgou uma recomendação às Forças Armadas Brasileira, em que relatava que iria abrir: "Um inquérito civil vai apurar possível violação aos direitos humanos no âmbito das Forças Armadas Brasileiras – Exército, Marinha e Aeronáutica -, que estariam reformando sistematicamente militares por conta da condição ou opção sexual" (G1, 2018).

Destarte, levando-se em consideração que referidas licenças e aposentadorias foram impostas sob o argumento de incapacidade para o desempenho do serviço militar, cumpre ressaltar que o artigo 82-A do Estatuto dos Militares, isto é, da Lei nº 6.880/80, prevê que: "[...] considera-se incapaz para o serviço ativo o militar que, temporária ou definitivamente, se encontrar física ou mentalmente inapto para o exercício de cargos, funções e atividades militares".

No mesmo sentido, o artigo 40, §1º, incisos I e II, da CF/88 dispõe que os servidores públicos serão aposentados em casos de invalidez permanente e compulsoriamente aos 75 anos de idade. Ou seja, o Estatuto dos Militares e a Constituição Federal não prevê o afastamento de militares apenas pelo fato de terem orientação sexual ou identidade de gênero diferentes do que tradicionalmente a sociedade considera como "normais", tampouco considera a transexualidade como condição de incapacidade.

Além disso, frisa-se que o Ministro Barroso, durante voto no RE nº 845.779, buscou desconstruir a noção do transexualismo como patologia, declarando que:

> A verdade é que não se trata de uma doença, mas de uma condição pessoal, e, logo, não há o que se falar em cura. O indivíduo nasceu assim e vai morrer assim. Vale dizer: nenhum tipo ou grau de repressão vai mudar a natureza das coisas. Destratar uma pessoa por ser transexual, isto é, uma condição inata, é como discriminar alguém por ser negro, judeu, índio ou *gay*. É simplesmente injusto, quando não perverso. (STF, RE 845.779/SC, Proc. 0057248-27.2013.8.24.0000, Rel. Min. Roberto Barroso, Dje – 10/03/2015).

Com efeito, aponta-se que, as Leis brasileiras não vedam a possibilidade de homossexuais e transexuais comporem o quadro militar. Nessa senda, salienta-se que tais práticas são inconstitucionais, uma vez que violam normas e preceitos fundamentais da Constituição Federal de 1988, entre os quais se encontra o princípio da igualdade ou isonomia, haja vista o *caput* do artigo 5º da CF/88 prevê que: "todos são iguais perante a lei, sem distinção de qualquer natureza".

Destarte, o princípio da igualdade prevê isonomia de aptidões e de possibilidade entre os indivíduos, bem como visa limitar a atuação do legislador, do intérprete, de autoridades ou do particular perante os direitos de outrem. Ou seja, por meio desse princípio são vedadas as diferenciações arbitrárias e discriminações absurdas, não justificáveis pelos valores da Constituição Federal (MORAES, 2017), como ocorre nos casos objeto do presente artigo.

Ainda conforme o entendimento do referido Autor, ressalta-se que:

> A desigualdade na lei se produz quando a norma distingui de forma não razoável ou arbitrária um tratamento específico a pessoas diversas. Para que as diferenciações normativas possam ser consideradas não discriminatórias, torna-se indispensável que exista uma justificativa objetiva e razoável, de acordo com critérios e juízos valorativos geneticamente aceitos, cuja exigência deve aplicar-se em relação à finalidade e efeitos da medida considerada, devendo estar presente por isso uma razoável relação de proporcionalidade entre os meios empregados e a finalidade perseguida, sempre em conformidade com os direitos e garantias constitucionalmente protegidos (MORAES, p. 51, 2017).

Nessa esteira, no que tange ao direito de igualdade da população trans, Pedro Lenza, citando o Informativo 892 do STF, afirma que:

> O direito à igualdade sem discriminações abrange a identidade ou a expressão de gênero. A identidade de gênero é manifestação da própria personalidade da pessoa humana e, como tal, cabe ao Estado apenas o papel de reconhecê-la, nunca de constituí-la. A pessoa não deve provar o que é, e o Estado não deve condicionar a expressão da identidade a qualquer tipo de modelo, ainda que meramente procedimental (LENZA, 2019, p. 2.281).

Importante salientar, mais uma vez que, os objetivos fundamentais previstos no artigo 3º da CF/88, traçam metas a serem atingidas pela República Federativa do Brasil, através de políticas governamentais, destacando-se o inciso IV, que prevê a promoção do bem de todos, sem quaisquer preconceitos ou discriminação, tornando-se um importante argumento do STF no reconhecimento de direitos da população LGBTI (LENZA, 2019). Ademais, deve-se levar em consideração que o direito ao trabalho, sendo proibido no artigo 7º, XXX, da referida Carta Magna, a "diferença de salários, de exercício de funções e de critério de admissão por motivo de sexo, idade, cor ou estado civil".

Outrossim, o artigo 5º, XIII, da CF/88 estabelece que: "é livre o exercício de qualquer trabalho, ofício ou profissão, atendidas as qualificações profissionais que a lei estabelecer". Ou seja, o referido artigo protege e define a liberdade do ser humano em desempenhar qualquer atividade laborativa, de forma que, o afastamento/impedimento de militares trans, sem que haja embasamento na Lei, fere o referido artigo.

Por fim, menciona-se, ainda, que os transexuais e transgêneros, em especial, não encontram dificuldades apenas para se inserir nas carreiras militares, mas em todo mercado de trabalho, tendo em vista que, apesar do trabalho ser considerado um direito social no Brasil, conforme dito alhures, o emprego formal raramente faz parte da vida da população trans (ALMEIDA et al., 2018).

5 Considerações Finais

Essa pesquisa propôs uma discussão normativa, doutrinária e jurisprudencial acerca da inconstitucionalidade dos afastamentos/impedimentos dos transexuais/transgêneros nas forças armadas brasileira, analisando-se, para tanto, as principais violações aos direitos elencados na Constituição Federal de 1988.

Em termos práticos, verificou-se a inércia do Congresso Nacional, em relação as demandas por igualdade da comunidade LGBTI e, consequentemente, a ausência de uma legislação específica, regulamentando tais situações, ao passo que o Poder Judiciário tem se esforçado para promover o reconhecimento de direitos.

Além disso, ao longo do presente trabalho fora apontado várias decisões judiciais, reconhecendo direitos da comunidade LGBTI, bem como trouxe à baila casos reais de militares trans afastados e/ou aposentados compulsoriamente de seus cargos, sob alegação de incapacidade, além de discutir todas as dificuldades enfrentadas pela população LBGTI, principalmente no campo profissional.

Nessa senda, considerando que os direitos LGBTI são direitos humanos e fundamentais, previstos expressamente na Constituição Federal e na Declaração Universal dos Direitos Humanos, verificou-se também a ilegalidade e inconstitucionalidade dos atos discriminatórios praticados pelas corporações militares.

Desse modo, nota-se que esse artigo ampliou a compreensão sobre tal questão, mostrando que o direito de trabalhar com dignidade, principalmente no serviço militar, resta prejudicado em razão do preconceito e da discriminação homofóbica.

Nessa senda, vale salientar que a Lei n° 6.880/80 (Estatuto dos Militares), considerada a lei reguladora das relações jurídicas nas Forças Armadas, não traz em seu texto nenhuma norma expressa que autorize o afastamento do militar transexual do seu quadro, bem como tal determinação fere princípios e normas constitucionais, principalmente no que tange ao princípio da dignidade da pessoa humana e o princípio da igualdade.

Nesse contexto, conclui-se que, o transexualismo não incapacita para o labor, tendo em vista que apenas adequa o indivíduo a sua verdadeira identidade sexual, tornando-o saudável, física e mentalmente, e, consequentemente, apto a exercer quaisquer funções nas Forças Armadas ou em outro campo profissional. No entanto, enquanto não houver clara transformação legislativa nesse sentido, condutas discriminatórias continuarão acontecendo de forma explícita ou implícita.

Por fim, a presente pesquisa visou demonstrar a necessidade do aperfeiçoamento das políticas públicas, tendo em vista que "políticas públicas e políticas públicas para a população LGBTI são expressões cada vez mais utilizadas no contexto das demandas por garantia de direitos no Brasil, ainda que muitas vezes não se saiba exatamente o que significam" (MELLO et al., 2012).

Referências

ALMEIDA, Cecília Barreto; VASCONCELLOS, Victor Augusto. **Transexuais:** transpondo barreiras no mercado de trabalho em São Paulo, 2018. Disponível em: https://www.scielo.br/scielo.php?script=sci_arttext&pid=S180 8-24322018000200303. Acesso em: 01 de jun. 2020.

BRASIL. **Lei nº 4.375 de 14 de agosto de 1964.** Lei do Serviço Militar. Brasília/DF, 1964. http://www.planalto.gov.br/ccivil_03/LEIS/L4375.htm. Acesso em 18 mai. 2020.

________. **Constituição da República Federativa do Brasil de 1988.** Disponível em: http://www.planalto.gov.br/ccivil_03/constituicao/constituica o.htm. Acesso em: 07 de abr. 2020.

________. **Decreto nº 8.727, de 28 de abril de 2016.** Dispõe sobre o uso do nome social e o reconhecimento da identidade de gênero de pessoas travestis e transexuais no âmbito da administração pública federal direta, autárquica e fundacional. Disponível em:

http://www.planalto.gov.br/ccivil_03/_ato2015-2018/2016/decreto/d8727.htm. Acesso em: 03 de abr. 2020.

________. **Lei nº 6.880, de 09 de dezembro de 1980**. Institui o Estatuto dos Militares. Disponível em: http://www.planalto.gov.br/ccivil_03/leis/l6880.htm. Acesso em: 10 de mai. 2020.

________. **Lei nº 7.716, de 05 de janeiro de 1989**. Institui a Lei do Racismo. Disponível em: http://www.planalto.gov.br/ccivil_03/leis/l7716.htm. Acesso em: 07 de abr. 2020.

________. Ministério Público Federal. **Inquérito Civil n.º 1.30.001.000522/2014-11**, 2017. Disponível em: http://www.mpf.mp.br/rj/sala-deimprensa/docs/recomendacaotransexuais-forcas-armadas/view. Acesso em: 18 mai. 2020.

________. Supremo Tribunal Federal. **Ação Direta De Inconstitucionalidade Por Omissão: ADO nº 26**. Relator: Ministro Celso de Mello. Dj: 13 de junho de 2019. Disponível em: http://www.stf.jus.br/arquivo/cms/noticiaNoticiaStf/anexo/ADO26votoMAM.pdf. Acesso em: 07 de abr. 2020.

________. Supremo Tribunal Federal. **Ação Direta De Inconstitucionalidade: ADI nº 4.277**. Relator: Ministro Ayres Britto. Dj: 05/05/2011. Disponível em: http://redir.stf.jus.br/paginadorpub/paginador.jsp?docTP=AC&docID=628635. Acesso em: 03 de abr. 2020.

________. Supremo Tribunal Federal. **Arguição De Descumprimento De Preceito Fundamental: ADPF nº 132**. Relator: Ministro Ayres Britto. Dj: 05/05/2011. Disponível em: https://redir.stf.jus.br/paginadorpub/paginador.jsp?docTP=AC&docID=628633. Acesso em: 03 de abr. 2020.

________. Supremo Tribunal Federal. **Arguição De Descumprimento De Preceito Fundamental: ADPF nº 600**. Relator: Ministro Roberto Barroso. Dj: 12 de dezembro de 2019. Disponível em: https://www.conjur.com.br/dl/barroso-suspende-lei-proibia-conteudo.pdf. Acesso em: 05 de abr. 2020.

________. Supremo Tribunal Federal. **Arguição De Descumprimento De Preceito Fundamental: ADPF nº 291**. Relator: Ministro Roberto Barroso. Dj: 28 de outubro de 2015. Disponível em: http://redir.stf.jus.br/paginadorpub/paginador.jsp?docTP=TP&docID=10931627. Acesso em: 07 de abr. 2020.

________. Supremo Tribunal Federal. **Mandado De Injunção: MI nº 4.733**. Relator: Ministro Edson Fachin. Dj: 28 de junho de 2019. Disponível em: portal.stf.jus.br/processos/detalhe.asp?incidente=4239576. Acesso em: 07 de abr. 2020.

________. Supremo Tribunal Federal. **Recurso Especial: Re 845.779 RG/SC**. Relator: Ministro Roberto Barroso. Dj: 10 de março de 2014. Disponível em: https://stf.jusbrasil.com.br/jurisprudencia/311628889/repercussao-geral-no-recurso-extraordinario-rg-re-845779-sc-santa-catarina-0057248-2720138240000/inteiro-teor-311628897. Acesso em: 07 de abr. 2020.

CONSELHO NACIONAL DE JUSTIÇA. **Resolução nº 175, de 14 de maio de 2013**. Dispõe sobre a habilitação, celebração de casamento civil, ou de conversão de união estável em casamento, entre pessoas de mesmo sexo. Disponível em: https://atos.cnj.jus.br/atos/detalhar/1754. Acesso em: 05 de abr. 2020.

CORREIO BRAZILIENSE. **Brasil lidera ranking mundial de assassinatos de transexuais:** Segundo ONG europeia, em nenhuma outra nação há tantos registros de homicídios de pessoas transgêneras, 2016. Disponível: http://especiais.correiobraziliense.com.br/brasil-lidera-ranking-mundial-de-assassinatos-de-transexuais. Acesso: 03 de abr. 2020.

G1. **Justiça começa a rever casos de militares afastadas por serem trans,** 2018. Disponível em: http://g1.globo.com/fantastico/noticia/2018/02/justica-comeca-rever-casos-de-militares-afastadas-por-serem-trans.amp. Acesso em 19 de mar. 2020.

GLOBO. **Primeira transexual da FAB ganha na Justiça direito a permanecer em imóvel funcional em Brasília**. 2020.

Disponível em: https://g1.globo.com/df/distrito-federal/noticia/2020/02/27/primeira-transexual-da-fab-ganha-na-justica-direito-a-permanecer-em-imovel-funcional-em-brasilia.ghtml. Acesso em: 18 mai. 2020.

GONÇALVES, Carlos Alberto. **Direito civil brasileiro.** 14. Ed. Saraiva, São Paulo, v. I, 2016, p. 138. Acesso em: 18 mai. 2020.

GRECO, Rogério. **Curso de Direito Penal.** Rio de Janeiro: Impetus, 2006.

INSTITUTO NACIONAL DO SEGURO SOCIAL. **Instrução Normativa nº 20, de 10 de outubro de 2007.** Estabelece procedimentos a serem adotados pelas linhas de Arrecadação e de Benefícios. Disponível em: https://www.inss.gov.br/wp-content/uploads/2019/10/in20insspresoquemudou.pdf. Acesso em: 07 de abr. 2020.

LENZA, Pedro. **Direito Constitucional Esquematizado.** 23º ed. São Paulo: Saraiva, 2019.

MELLO, Luiz; BRITO, Walderes; MAROJA, Daniela. **Políticas públicas para a população LGBT no Brasil:** notas sobre alcances e possibilidades, 2012. Disponível em:https://www.scielo.br/scielo.php?pid=s010483332012000200014&script=sci_arttext. Acesso em: 01 de jun. 2020.

MORAES, Alexandre. **Direito Constitucional**. 34º ed. São Paulo: Atlas, 2017.

MOTTI, Luis. **Homoafetividade e direitos humanos**, 2006. Disponível em: https://www.scielo.br/scielo.php?script=sci_arttext&pid=S0104-026X2006000200011. Acesso em: 19 de mar. 2020.

NAGAMINE. Renata Reverendo Vidal Kawano. **Os direitos de pessoa LGBT na ONU**, 2019. Disponível em: https://www.scielo.br/scielo.php?script=sci_arttext&pid=S1984-64872019000100028. Acesso em: 03 de abr. 2020.

NEVES, Cícero Robson Coimbra; STREIFINGER, Marcello. **Manual de Direito Penal Militar.** 2º ed. São Paulo: Saraiva, 2012.

ONU - Organização das Nações Unidas. **Declaração Universal dos Direitos Humanos da ONU**. Disponível em: https://nacoesunidas.org/wp-content/uploads/2018/10/DUDH.pdf. Acesso em: 19 jun. 2020.

ONUBR. **Encontro em Brasília discute saúde, trabalho e inclusão social de pessoas trans**, 2020. Disponível em: https://nacoesunidas.org/encontro-em-brasilia-discute-saude-trabalho-e-inclusao-social-de-pessoas-trans/amp/. Acesso em: 03 de abr. 2020.

PINTO, J. R. de Almeida. **Desafios na Atuação das Forças Armadas**. Brasília: Ministério da Defesa Secretaria de Estudos e de Cooperação, 2005.

PRESTES, Fabiano Caetano; NASCIMENTO, Mariana Lucena. **Direito Processual Penal Militar**. 4º ed. São Paulo: Juspodivm, 2017.

RIOS, R. R. **A homossexualidade no Direito**. Porto Alegre: Livraria do Advogado Editora, 2010. Acesso em: 18 mai. 2020.

SOUZA, S.; GARCIA, D. **A abordagem interagência dos Sistemas Proteger e de Monitoramento das Fronteiras Terrestres (SISFRON)**. Brasília: Unieuro, 2014.

A violação aos direitos humanos das gestantes e as consequências geradas ao nascituro no sistema penitenciário brasileiro

NATÁLIA LOPES MACHADO[1]
YANDRA KELLE LIMA DUARTE[2]

1. Introdução

O Sistema Penitenciário Brasileiro sempre esteve imerso em um contexto de violações aos direitos humanos, face à inefetividade das garantias fundamentais previstas para os encarcerados. A principal justificativa, para a vedação dessas garantias, dá-se por causa da pessoa que sofre o caráter punitivo da pena ter todos os seus direitos esquecidos, isto é, são julgados indignos de ter acesso a eles, contrariando o que diz a Constituição Federal de 1988, que assegura a estes o respeito à integridade física e moral (art. 5º, XLIX).

No que concerne à prisão de pessoas do sexo feminino, especialmente aquelas que estão gestantes ou venham a engravidar no estabelecimento prisional, estas são submetidas a uma dupla violação: a ausência de estrutura básica que atenda as necessidades particulares do ser mulher e a falta de implementação de medidas que possibilitem uma gestação saudável, bem como cuidado ao nascituro. Sendo assim, surge o seguinte questionamento: Quais as principais violações aos direitos da detenta, quando gestante, e as possíveis medidas a serem aplicadas visando minimizar os riscos para o nascituro?

O objetivo geral desse trabalho foi analisar de que forma o Sistema Penitenciário Feminino no Brasil viola os direitos das gestantes e, consequentemente, acarreta riscos ao nascituro. Já de forma específica, buscou dissertar sobre os direitos humanos que cabem a gestante e ao nascituro no ambiente prisional; descrever as consequências que a violação a tais direitos geram para o

---

[1] Graduanda do Curso de Direito da Faculdade de Ciências Humanas do Sertão Central – Fachusc.
[2] Graduanda do Curso de Direito da Faculdade de Ciências Humanas do Sertão Central – Fachusc.

desenvolvimento do feto, bem como para a própria criança; e, por fim, identificar as possíveis medidas que poderiam minimizar essas violações.

A importância de realizar esse estudo se dá pela necessidade de trazer à tona os problemas e dificuldades que as presas gestantes enfrentam no sistema, apontando as necessárias modificações para que o nascituro não venha a ser punido, indiretamente, pelo erro que sua genitora cometeu. Ou seja, o propósito dessa pesquisa é investigar se diante dessa situação peculiar, seria esta mulher merecedora de um tratamento diferenciado, afinal, mesmo que a problemática seja comum e relevante, a sociedade está interessada tão somente na punição desta.

É de suma importância abordar esse acontecimento, pois o único direito que o preso perde, quando encarcerado, é o direito de locomoção, portanto, todos os outros são resguardados, isso porque o Brasil é um país democrático de direito. Portanto, defender o encarceramento de forma digna a gestante ou a mulher que venha a engravidar dentro do estabelecimento prisional, é não defender tão somente a mulher na qualidade de presa, mas sim de cidadã, buscando segurança para o nascituro que nada fez para sofrer punição, pois a pena é personalíssima e não pode se estender a pessoa do acusado.

Para a realização desse trabalho, adotou-se como procedimento metodológico o levantamento bibliográfico, por meio da análise de livros, documentos, artigos científicos, pesquisas, legislação e notícias, para a efetuação de um estudo detalhado e aprofundado sobre os riscos que a violação aos direitos da mulher gestante, privada de liberdade no Brasil, gera ao nascituro. Por fim, a presente pesquisa pode ser classificada como descritiva-exploratória, haja vista que buscou descrever as características de um grupo de mulheres inserido no cárcere, levantando diversas informações acerca da problemática.

2. Os direitos humanos da gestante e do nascituro

No histórico do Sistema Penitenciário Brasileiro sempre prevaleceu a figura masculina, adotada como regra no contexto prisional. Todavia, em decorrência do aumentado significativo do aprisionamento de mulheres no Brasil, isso tem provocado um impacto gigantesco nas políticas de administração penitenciária, segurança, como também nas políticas específicas de desigualdade de gênero. Conforme menciona o Departamento Penitenciário Nacional, órgão responsável pelo Levantamento Nacional de Informações Penitenciárias, a população prisional feminina brasileira, entre 2000 e 2016, configurou um aumento de 656% (INFOPEN MULHERES, 2017).

Outrossim, segundo o Cadastro Nacional de Presas Grávidas e Lactantes do CNJ (2020), de 2018 a 2020 houve uma variação de 200 a 500 presas gestantes por mês no sistema. Logo, é notável o aumento significativo de mulheres no cárcere, em especial de uma parcela variável de gestantes no sistema prisional, o que tem gerado discussões acerca dos direitos básicos que tem a mulher na penitenciária devido ao seu gênero, provocando uma intensa produção normativa, de pesquisas e debates, assim como de dados para expor essa realidade tradicionalmente negligenciada.

Como é de conhecimento de todos, o Brasil é um Estado Democrático de Direito, sendo assegurado a todos os indivíduos, através da Carta Magna, uma série de direitos e garantias voltados para a proteção da dignidade da pessoa humana, princípio este que deve nortear toda atuação do Estado, estando positivado no seu art. 1º, inciso III. Portanto, tem-se que há na legislação brasileira a previsão de tutela aos encarcerados, utilizando como base os princípios da legalidade e da humanização da pena, garantindo, portanto, àqueles que são privados de liberdade seus direitos mínimos.

Afinal, dentro do cárcere, o único direito que o preso perde é o da locomoção, permanecendo outros direitos básicos, tais como, o direito à integridade pessoal, ao não tratamento desumano ou degradante, à vida, que não se trata de apenas permanecer vivo, mas, viver com dignidade, como explica os professores Dirley da Cunha Júnior e Marcelo Novelino:

> O direito à vida costuma ser compreendido em uma dupla acepção. Em sua acepção negativa, consiste no direito assegurado a todo e qualquer ser humano de permanecer vivo [...]. A acepção positiva costuma ser associada ao direito a uma existência digna, no sentido de ser assegurado ao indivíduo o acesso a bens e utilidades indispensáveis para uma vida em condições minimamente dignas (CUNHA JÚNIOR; NOVELINO, 2016, p.35)

A dignidade é um direito irrenunciável que está entrelaçado ao direito à vida, não podendo o Estado negar ao indivíduo um tratamento digno, quiçá uma presa gestante que merece cuidados redobrados, ou seja, apesar de essas mulheres terem perdido sua liberdade, o mesmo não deveria acontecer com a sua dignidade. Portanto, ao proteger a detenta grávida, garantindo os seus direitos básicos e específicos a sua condição, estará imediatamente o Estado amparando àquele que está sendo gerado, pois a proteção à criança depende da proteção à mãe/presa.

Conforme menciona Lima (2012), a proteção constitucional não irá se limitar apenas à vida biológica, ou seja, quando o ordenamento jurídico tutela a vida, estará impondo ao Estado não tão somente uma proteção aos nascidos, mas de forma ampla, terá a obrigação de prover um desenvolvimento digno e sadio ao nascituro para sobrevir com vida. Destarte, dentro desse contexto, é importante destacar que o nascituro é detentor do direito à vida, conforme menciona o artigo 2º do Código Civil e assegura o caput do artigo 5º da Constituição, de forma que cabe ao Estado a sua proteção, sem que com isso haja a retirada da responsabilidade da genitora, que cometeu um delito e está respondendo por isso.

O principal marco normativo internacional que aborda essa problemática são as chamadas Regras de Bangkok, aprovada em 2010 pela Assembleia Geral da ONU, que tratam sobre as condições da mulher presidiária. Entretanto, apesar de o Governo Brasileiro ter participado ativamente para a elaboração e aprovação das mencionadas regras, elas ainda não foram plasmadas em políticas públicas consistentes. Tais normas garantem um amparo as necessidades da presa, abrangendo diretamente àquelas que estão grávidas (CNJ, 2016).

A primeira regra de Bangkok, demonstra que reconhecer as peculiaridades das necessidades que a mulher presa possui, é um fator indispensável, logo, quando a mulher entra no presídio grávida ou quando dentro o presídio sobrevém uma gravidez, carecerá de ser reconhecida as suas necessidades peculiares naquele ambiente. Há, ainda, previsão quando o assunto é a acomodação feminina, bem como, de materiais que supram às necessidades específicas de higiene da mulher, sendo priorizadas as gestantes (Regra 5).

Ademais, a Regra 22 impede a aplicação de isolamentos, bem como, de distanciamento a fim de disciplinar as mulheres gestantes, sugerindo nesse caso em específico, a elaboração de programas compatíveis com sua gestação e propiciando um regime flexível afim de atender as necessidades destas mulheres. Ademais, ressalta que estas precisam de orientações profissionais, acerca de dieta, saúde, a prática de exercícios físicos, e obtendo de forma gratuita uma alimentação saudável e adequada, integrando suas necessidades nutricionais e médicas (Regras 42 e 48).

Entrou em vigor em 2011 a Lei de nº 12.403, mais especificamente no artigo 318, IV, que permite as gestantes desde o sétimo mês e nos casos de gravidez de alto risco à substituição da prisão preventiva pela domiciliar. Todavia, somente a presa alegar o enquadramento em uma das situações previstas no referido artigo não é suficiente para ter êxito na substituição, é indispensável que ocorra através de um representante legal, provando mediante laudo médico para garantir que a detenta gestante consiga seu direito.

A Lei de Execução Penal (Lei nº 7.210/1984), por sua vez, traz normas que resguardam as gestantes quando ao tratamento que precisam para si e para o bebê que está sendo gerado. No seu artigo 14, § 3º, prevê a mulher gestante a assistência à saúde, abrangendo direitos como o acompanhamento médico ao longo do pré-natal assim como no pós-parto. No que consta o artigo 89, afirma que dentro das unidades prisionais femininas devem dispor de seção para parturientes ou gestantes.

Cabe ressaltar que o aludido diploma legal foi promulgado no ano de 1984, carecendo, portanto, de alterações e melhorias, em particular acerca do amparo feminino e mais especificamente às gestantes que apresentam um período mais cauteloso e uma necessidade diferente dos demais casos. Sendo assim, a reforma da Lei de Execução Penal começou a ser discutida, iniciando em 2012 e sendo aprovada em novembro de 2017 pelo Plenário do Sendo.

Além de modificações legais, foi incluído um capítulo exclusivamente para tratar dos direitos e da assistência à mulher encarcerada, e mais especificadamente dos direitos das gestantes, prevista no artigo 197-A ao 197-O. O artigo 197-C irá trazer o direito que a mulher grávida possui à assistência do Sistema Único de Saúde quando for comprovada a sua gestação; o artigo 197-G proíbe o que mulheres grávidas seja transportadas em carro de modelo cofre; o artigo 197-H veda o uso de algemas ou outro meio de contenção durante o trabalho de parto; e o 197-I autoriza um acompanhante à gestante presa durante o parto.

Por fim, salienta-se, ainda, que em 2018 foi concebido, através de uma decisão do STF, nº 143.641, um habeas corpus coletivo para grávidas e mães de crianças até 12 anos, que não praticaram crimes de violência ou grave ameaça e estejam em prisão provisória, podendo estas permanecerem em prisão domiciliar até o seu julgamento. Destarte, o alcance desses direitos envolve uma longa e árdua jornada de luta, sendo necessárias, ainda, profundas mudanças para atingir o ideal de direitos e de garantias às mulheres presas.

3. As consequências que a violação dos direitos da detenta gera no nascituro

É notável que a mulher possui necessidades especificas em razão de seu gênero, principalmente quando essa se encontra na condição de gestante. Mas, como é possível que a mulher tenha uma gestação saudável em um ambiente que viola em grande parte seus direitos a uma vida digna? O período de gestação para uma mulher, talvez, seja o momento de sua vida mais especial e importante, isso por tratar-se da criação de uma nova vida. Por isso, o pré-natal é extremamente importante para garantir a saúde da mãe e de seu filho, esse acompanhamento médico visa manter a integridade das condições de saúde da gestante e do nascituro.

É imprescindível a realização de exames no decorrer do pré-natal para detectar problemas, como doenças que possam afetar a criança ou o seu desenvolvimento no útero. Propiciar uma alimentação saudável, aliada a prática de atividades físicas, é de suma importância para que essas mães tenham um bom desenvolvimento gestacional, aliás, aquela criança que está se formando requer a mãe esteja em boas condições, sejam, nutricionais, mentais, para garantir uma gestação saudável. A violação a esses direitos pode acarretar consequências a essas mulheres, bem como ao nascituro.

A carência da realização do pré-natal, de médicos capacitados para o acompanhamento e de ambiente preparado para atender essas necessidades pode acarretar em gravidez de risco tanto para mãe, quanto para o filho, como também pode sobrevir a morte do feto. A qualidade de vida que leva a gestante é indicadora da saúde do seu bebê, se a mesma vive em péssimas condições, consequentemente afetará o nascituro. A higiene é sempre importante, e feita de forma adequada se torna indispensável quando uma mulher se encontra grávida, a ausência dela pode aumentar o risco de infeções. Para maioria das pessoas é incompatível a relação cárcere e higiene, isto porque, a bondade do Estado com as presas sempre esteve extinta no Brasil.

No livro "Presos que Menstruam", da jornalista Nana Queiroz, publicado em julho de 2015, a autora mostra como é a realidade da vida de mulheres que vivem nas penitenciárias brasileiras, essas mulheres vivem numa luta constante para uma higiene e a preservação de sua dignidade, independentemente do crime cometido e do criminoso, o assunto é a dignidade da pessoa humana, pessoa que perdeu sua liberdade, mas ainda necessita de humanidade. De acordo ela em uma entrevista para a revista Galileu:

> Percebi que o sistema carcerário brasileiro trata as mulheres exatamente como trata os homens. Isso significa que não lembra que elas precisam de papel higiênico para duas idas ao banheiro em vez de uma, de papanicolau, de exames pré-natais e de absorventes internos (QUEIROZ, 2015).

Muitas gestantes encarceradas ganham o direito de ir ao hospital e até mesmo de ter uma gravidez sadia e acompanhada, mas, infelizmente, algumas não e acabam tendo que dá a luz dentro das penitenciárias e, muitas vezes, com ajuda de outras presas (QUEIROZ, 2015). Para quem já teve o dissabor de conhecer uma penitenciária sabe a realidade vivida por milhares de pessoas, as prisões brasileiras na maioria das vezes são superlotadas, o que acaba refletindo no compartilhamento de celas pequenas que não fornecem camas o suficiente, produtos de higiene, sanitários falhos, etc. Embora haja previsão legal clara quanto aos direitos das gestantes na prisão, dizer que não deve haver distinção entre gestantes livres e encarceradas seria pura hipocrisia, sabe-se que na prática não ocorre dessa maneira.

Nenhuma gestante que se encontra dentro da prisão possui regalias e, aí, encontra-se o problema, o nascituro, precisa de "privilégios", é um ser ainda em desenvolvimento, que para nascer saudável precisa de todos os fatores fundamentais que indicam os obstetras, submeter gestante a vida cotidiana do cárcere sem um ambiente adequado, é jogar o nascituro a sorte de sobreviver, não sobreviver ou ter problemas durante ou após o parto. É corriqueiro dentro do cárcere feminino brasileiro a carência de atendimento médico as gestantes, devido a essa negligência, muitas vezes essas mulheres acabam abortando e perdendo seus filhos. Independente do crime cometido por elas, é angustiante pensar que além dessas mães estarem lidando com o encarceramento miserável, ainda tem que lidar com a perda de seu bebê (QUEIROZ, 2015).

O advento da Lei 13.434/2017 vedou o uso de algemas em mulheres grávidas durante os atos médico-hospitalares preparatórios para a realização do parto e durante o trabalho de parto, bem como em mulheres durante o período de puerpério imediato. Infelizmente a realidade dessas presas é bastante diferente, o momento do parto que para muitas mulheres é marcado como o melhor da sua vida, para essas presas fica gravado como um dia marca pela a angustia e sofrimento. O documentário Berço de Ferro, da jornalista Vanessa Ramos, traz o relato de uma mulher que foi presa grávida e que algemada durante o parto:

> Fui algemada pelo pé e pela mão, no tempo me lembro que eles enrolavam o bebê em um paninho tipo um charuto, né, ele gritava de fome e ninguém vinha para trazer ele pra mim, então, a única mão que ficava solta, eu pescava ele com uma mão só de dentro do bercinho, impulsionava o corpo quase que todo porque meu braço não saia da algema, pegava ele no ar e trazia (BERÇO DE FERRO, 2015).

Talvez, por mais distante que seja esse problema, da realidade de quem se encontra em liberdade, deveria ser um tema que preocupe a todos, uma vez que se trata de uma nova vida, da construção de um ser humano, não devendo ser esquecida também a detenta que está pagando por um crime, mas que tem seus direitos como pessoa humana resguardados.

A maternidade na prisão poderia ser classificada como uma dupla punição, a primeira pelo crime cometido, e a segunda pelo afastamento do seu filho após passar o período determinado pela lei. As presas vivenciam a hipermaternidade sendo mães de forma integral, ainda que, o exercício da maternidade seja em espaços mais isolados e rigorosos, porém posteriormente são afastadas de seus filhos, a maternidade não é anulada, de hiper passa a ser hipo, onde a maternidade continua seguindo no corpo e na mente da presa, restando apenas os traços, os seios, a sensação do filho e a lembrança do choro (ANGOTTI; MENDES, 2015).

4. Possíveis medidas que minimizariam a violação dos direitos da detenta e os riscos para o nascituro

Como abordado no primeiro capítulo desse presente artigo, há diversas leis que amparam e viabilizam minimizar a violação dos direitos das detentas gestantes, ocasionando uma diminuição dos riscos para o nascituro dentro do estabelecimento prisional. Entretanto, nas penitenciárias brasileiras há um déficit no que concerne à realidade dessas gestantes inseridas no cárcere, como anteriormente apresentado no segundo capítulo. Para alcançar, o respeito e à integridade física e moral do preso que é assegurado no inc. XLIX, da CF/88, deve-se buscar garantias que sejam colocadas em práticas pelo Estado.

No que concerne a diminuição dos riscos para o nascituro no estabelecimento prisional, deve-se proteger, ou melhor, resguardar os direitos da sua genitora, e para isso, tais direitos devem ser fortalecidos de tal forma que, obrigue as autoridades judiciais aplicar ao caso concreto a exigência. Proteger a gestante é proteger uma inocência de uma vida que está sendo gerada.

Portanto, deve-se observar o que se encontra nas leis, nos tratados e nas convenções do Brasil, trazê-los para a realidade do cárcere, para que esses direitos não sejam como "luzes nas sombras". Que sejam aplicados e assegurados para a presa e o nascituro, protegendo a sua saúde e gestação. Que aplique o direito de punir, mas que esse esteja em conformidade com as regras que o próprio Estado impõe (MABILDE; BARCELLOS, 2018).

Ademais, tomar medidas como, um maior investimento na estrutura prisional, trazendo um espaço específico para a prisão das presas gestantes, propiciando um ambiente adequado e seguro, além de, produtos de higiene, acompanhamento médico e uma boa alimentação é de extrema importância para garantir o bom desenvolvimento gestacional do nascituro, principalmente para aquelas presas que não estão amparadas pelo habeas corpus coletivo nº 143.641 ou pela lei 12.403, art. 312, IV, onde prevê a prisão domiciliar nos casos em que, a gestante esteja em prisão provisória; ou para àquelas que encontram-se no sétimo mês de gestação ou nos casos de gravidez de alto risco, seguindo algumas exceções (CRUVINEL, 2018).

Na impossibilidade, ou falta de garantir um espaço específico em cada penitenciária para custódia das presas grávidas, deverá flexibilizar as normas previstas para garantir a prisão domiciliar àquelas que por lei não tem direito, ou seja, é crucial que o Estado não atenda somente seus direitos e às suas penas nos princípios constitucionais da razoabilidade e proporcionalidade, mas que atenda às necessidades dessas mulheres, principalmente quando se encontram grávidas no momento da sua prisão, e se não puderem atender as necessidades dessas minoria dentro do estabelecimento prisional, que flexibilizem as leis e apliquem a prisão domiciliar.

Outro fator preponderante, é assistir aquelas presidiárias gestantes que se encontram desamparadas, ou seja, que estão ali sozinhas. Nesses casos em especial, poderia a prisão domiciliar não ser a melhor opção, à falta de um lugar, de mantimentos, de amparo, prejudicar o desenvolvimento gestacional. Logo, o Estado deve estar preparado para atender esses imprevistos, seja, aprimorando um lugar dentro do estabelecimento, seja, garantindo todo apoio na prisão domiciliar desta (CRUVINEL, 2018).

Dispor de políticas públicas para assegurar os direitos, garantir respeito e igualdade à essas mães presidiárias, nos locais em que mais precisem de apoio nesse momento delicado, como hospitais, buscando prevenir momentos vexatórios, de forma que, as capacitações dos profissionais que trabalham no sistema prisional, abordem as consequências que são geradas quando estes não respeitam os direitos da presa e de suas crianças (KRUNO; MILITÃO, 2014)

Estas detentas, já sofrem todas as irregularidades que a prisão oferece, quando são retiradas para exames, para o parto, e outros fatores, esperam um mínimo de conforto e não serem apedrejadas, aliás, a uma vida ali dentro que não pode ser culpada. Portanto, tais políticas públicas, devem ser voltadas às pessoas com quem a detenta irá ter contato durante seu período gestacional, não basta tão somente garantir uma cela adequada, uma alimentação, e não garantir o respeito dos profissionais para com elas.

É importante ressaltar que as penitenciárias para algumas presas, são o único ponto de apoio, principalmente quando estas são transferidas para locais distantes de onde reside a sua família, em uma gravidez, muitas presas só tem como apoio aquele ambiente, então, é importante que ele repasse segurança, que sane todas as dúvidas para que as mesmas não sejam afetadas psicologicamente pelo simples fato de não saber o que será dela, gestante, no ambiente prisional.

Outro ponto importante é o investimento em profissionais capacitados para atender às necessidades das gestantes no ambiente prisional, bem como, ofertar cursos ou palestras para agentes penitenciários afim de que os mesmos tenham condições de atuar em pequenas situações (KRUNO; MILITÃO, 2014). A progressão de regime das mulheres gestantes condenadas, é de suma importância, quando o Estado, não puder dispor, da prisão domiciliar ou de um ambiente adequado para uma gravidez. Como dispõe Tatiely:

É inegável a importância tanto da substituição da prisão preventiva em prisão domiciliar quanto a progressão de regime das mulheres gestantes condenadas, uma vez que estas previsões legais auxiliam na adequação da legislação brasileira ao compromisso internacional de cumprir com as Regras de Bangkok (Senado, 2018), promovendo cada vez mais o tratamento humanizado e digno às gestantes e aos seus filhos, que continuam sendo cidadão com seus respectivos direitos e deveres (CRUVINEL, 2018, p.55).

Como abordado, o Governo Brasileiro participou ativamente para a elaboração e aprovação das Regras de Bangkok (2010), porém, estas ainda não foram constituídas em políticas públicas, logo, o maior marco seria a internalização na legislação nacional, seria garantir o amparo que às presas gestantes estão carecendo nesse momento. Por fim, para garantir a proteção à maternidade as detentas, é imprescindível que elas não sejam enxergadas apenas como presidiárias, mas como mães, vulneráveis, seres humanos e capazes, pois o aspecto da criminalidade não fasta delas a essência do ser.

5. Considerações Finais

Diante do contexto histórico do punitivismo brasileiro, nota-se que o enraizamento de castigos e torturas dentro do sistema penal eram frequentes, porém as formas de punições foram se modificando com o decurso do tempo, deixando de serem punições físicas e passando a privar ou restringir a liberdade do cidadão. Ainda que as formas de apenar tenham sido modificadas e, aparentemente, tornado-se menos repressivas, é notável, mesmo diante de tais mudanças, as injustiças presentes no momento da aplicação da pena. Ou seja, ainda há fragmentos dos antigos castigos violentos e do autoritarismo contra os detentos por parte dos profissionais a quem são submetidos.

A pena que deveria reabilitar o preso está surtindo efeito contrário, pois está isolando gradualmente as pessoas encarceradas da sociedade, isolamento esse que pode acabar contribuindo para hostilidade dos encarcerados, que, independente do crime cometido, estão sofrendo o caráter punitivo da pena e não merecem sofrer algo que venha além dela. A medida que os direitos humanos dos presos são violados, a pena tende a se confirmar como unicamente repressiva, pois a precariedade do sistema impede que as necessidades dos presos sejam atendidas, especialmente no que se refere a mulher presa, que possui necessidades específicas, principalmente quando gestante.

Nesse contexto, foi possível averiguar que o cárcere não possui estruturas propícias que consigam suprir as necessidades básicas das mulheres, dificultando que essas possam usufruir do exercício de seus direitos e, consequentemente, afastando-as no convívio social. Além de impedir a ressocialização, essa desassistência impede que elas executem seu papel no seio social, como mulher e como mãe. Para as mulheres grávidas, a violação a seus direitos humanos e fundamentais dentro dos estabelecimentos prisionais é gravíssima, isto porque existe a carência de atendimento médico especializado, higiene pessoal adequada e alimentação nutritiva.

Esses fatores acabam gerando efeitos a curto e longo prazo, pois a própria criança, desde do ventre materno, já vem sofrendo desamor e violência, padecendo da enfermidade que é o cárcere brasileiro, acarretando até mesmo em um mau desenvolvimento moral, social e físico deste. Sendo assim, faz-se necessário que ocorra grandes mudanças dentro do sistema prisional brasileiro, principalmente no que tange aos direitos e garantias das presas gestantes, incluindo-as em um ambiente que forneça a estrutura, o apoio e o respeito que necessitam. Quanto a sociedade, ainda é de fundamental importância a quebra do estigma de marginalização a qual as presas são submetidas.

Essas mulheres são seres humanos que ao entrarem no ambiente prisional estão submetidas a precariedade do sistema, bem como ao preconceito enraizado à sociedade, que pela pouca importância que dão a essas pessoas, privam-nas de receber o apoio necessário e fundamental do próprio presídio, do Estado, da família e dos profissionais a que estiverem ligadas, o que acaba tornando também insignificante a gravidez delas. Logo, a prisão domiciliar é uma medida que se faz necessária às gestantes submetidas a prisão preventiva e, até mesmo, para as que estão em prisão definitiva, pois traz uma seguridade de que estas não estão totalmente invisíveis aos olhos do Estado.

Dentro do que foi abordado, ainda há muito o que ser feito, pois quando o assunto é cárcere, mulher e gestação, cabe ao Estado, como também a sociedade, buscar meios para minimizar a violação ao tratamento digno dessas detentas, principalmente devido à vulnerabilidade da gestação. Por fim, mais importante do que positivar leis e garantias para consolidar a prática dos Direitos Humanos, deve-se desenvolver políticas prisionais voltadas para atender o sistema prisional feminino, levando em consideração as especificidades do gênero, e, assim, garantir uma proteção a futura criança que está sendo gerada, que não pode ser culpadas diante da situação.

Referências

ANGOTTI, Bruna. MENDES, Ana Gabriela. Da hipermaternidade à hipomaternidade no cárcere feminino brasileiro. 2015. Artigo – Ensaios, 2015.

BERÇO DE FERRO. Documentário. Org: RAMOS, Vanessa. 2015. Disponível em: https://www.youtube.com/watch?v=lhNZkgoFgaw. Acesso em: 03 mai. 2020.

BRASIL. Constituição da República Federativa do Brasil de 1988. Brasília, DF: Senado Federal: Centro Gráfico, 1988. Disponível em: http://www.planalto.gov.br/ccivil_03/Constituicao/Constituic ao.htm. Acesso em: 23 mar. 2020.

________. Lei n. 10.406, de 10 de janeiro de 2002. Institui o Código Civil. Disponível em: https://www.planalto.gov.br/ccivil_03/LEIS/2002/L10406.ht m. Acesso em: 23 mar. 2020.

________. Lei n. 12.403, de 4 de maio de 2011. Altera dispositivos do Decreto-Lei nº 3.689, de 3 de outubro de 1941 - Código de Processo Penal, relativos à prisão processual, fiança, liberdade provisória, demais medidas cautelares, e dá outras providências. Disponível em: https://www.planalto.gov.br/ccivil_03/_ato2011-2014/2011/lei/l12403.htm. Acesso em: 27 mar. 2020.

________. Lei n. 13.434, de 12 de abril de 2017. Acrescenta parágrafo único ao art. 292 do Decreto-Lei nº 3.689, de 3 de outubro de 1941 (Código de Processo Penal), para vedar o uso de algemas em mulheres grávidas durante o parto e em mulheres durante a fase de puerpério imediato. Disponível em: http://www.planalto.gov.br/ccivil_03/_ato2015-2018/2017/Lei/L13434.htm. Acesso em: 02 mai. 2020.

________. Lei n. 7.210/1984, de 11 de julho de 1984. Institui a Lei de Execução Penal. Disponível em: http://www.planalto.gov.br/ccivil_03/LEIS/L7210.htm. Acesso em: 28 mar. 2020.

______. Decreto N° 678, de 6 de novembro de 1992. Disponível em: https://www2.camara.leg.br/legin/fed/decret/1992/decreto-678-6-novembro-1992-449028-publicacaooriginal-1-pe.html. Acesso em: 24 mar. 2020.

CONSELHO NACIONAL DE JUSTIÇA. Cadastro Nacional de Presas Grávidas e Lactantes. 2018-01/2020-02.

CRUVINEL, Tatiely Vieira. A violação aos Direitos Humanos das gestantes no Sistema Penitenciário Feminino Brasileiro. 2018. Artigo. Faculdade de Direito Professor Jacy de Assis, Uberlândia, 2018.

INFOPEN Mulheres. Levantamento nacional de informações penitenciárias – 2. ed. Organização: SANTOS, Thandara *et al.* Brasília: Ministério da Justiça e Segurança Pública, Departamento Penitenciário Nacional, 2017.

JÚNIOR, Dirley da Cunha; NOVELINO, Marcelo. Constituição Federal para Concursos. 7 ed. Salvador: JUSPODIVM, 2016.

LIMA, Carolina Alves de Souza. Aborto e anencefalia: direitos fundamentais em colisão. São Paulo: Juruá, 2012.

MABILDE, Deborah. BARCELLOS, Paula. Mãe é mãe: mulheres encarceradas e direito à maternidade. Humanista – Jornalismo e Direitos Humanos, 2018. Disponível em: https://www.ufrgs.br/humanista/2018/10/09/mae-e-mae-mulheres-encarceradas-e-direito-a-maternidade/. Acesso em: 01 mai. 2020.

MILITÃO, Lisandra Paim; KRUNO, Rosimery Barão. Vivendo a gestação dentro do sistema prisional. Revista Saúde (Santa Matia), vol. 40, n. 1, 2014. Disponível em: https://periodicos.ufsm.br/index.php/revistasaude/article/view/9180. Acesso em: 20 mai. 2020.

QUEIROZ, Nana. Presos que menstruam. 1ª ed. Rio de Janeiro; São Paulo: Editora Record, 2015.

REGRAS DE BANGKOK. Regras das Nações Unidas para o tratamento de mulheres presas e medidas não privativas de liberdade para mulheres infratoras. Coordenação: LANFREDI, L.G.S, Brasília: Conselho Nacional de Justiça, 2016. Disponível em: https://www.cnj.jus.br/wp-content/uploads/2019/09/cd8bc11ffdcbc397c32eecdc40afbb7 4.pdf Acesso em: 25 mar. 2020.

REVISTA GALILEU. Descubra como é a vida das mulheres nas penitenciárias brasileiras, 2016. Disponível em: https://revistagalileu.globo.com/Revista/noticia/2015/07/des cubra-como-e-vida-das-mulheres-nas-penitenciarias-brasileiras.html. Acesso em: 02 mai. 20.

Criminalidade feminina sob o recorte de gênero: uma análise acerca da não concessão da prisão domiciliar para a mulher que trafica

IARA GABRIELLY LEMOS BEZERRA SILVA[1]
MARIA EDUARDA PEREIRA DE ANDRADE[2]

1. Introdução

Historicamente, o Brasil tem uma das maiores populações carcerárias femininas do mundo, que tem como principal fator de aprisionamento o tráfico de drogas. De acordo com o penúltimo levantamento realizado pelo Infopen, em junho de 2016, a população prisional feminina do Brasil atingiu a marca de 42.355 presas, número que vem aumentando desde a aprovação de Lei de Drogas, em 2006, chegando a crescer 455% entre 2000 e 2016. Outrossim, tem-se que o Brasil subiu da quinta para a quarta posição entre as nações com maior taxa de aprisionamento do gênero feminino.

É importante destacar que existe um contexto de vulnerabilidade na questão do encarceramento feminino, que é a própria discriminação estrutural em vigor na sociedade contra a mulher. Ou seja, as mulheres que ocupam o mercado formal de trabalho tendem a receberem menos, com isso, optam pelo mercado informal para completar a renda, o que significa muitas vezes que irá fazer isso através do tráfico de drogas. Além disso, destaca-se que, por meio de relacionamentos abusivos, estas constantemente se enquadram nesse crime tentando levar droga para dentro dos presídios.

Sendo assim, surge o seguinte questionamento: Como a desigualdade de gênero afeta as decisões judiciais, que concedem ou que visam conceder a prisão domiciliar para mulheres que traficam drogas? Inicialmente, destaca-se que a espécie de crime cometido pela mulher é critério discriminatório no momento do proferimento

---

[1] Graduanda do Curso de Direito da Faculdade de Ciências Humanas do Sertão Central – Fachusc.
[2] Graduanda do Curso de Direito da Faculdade de Ciências Humanas do Sertão Central – Fachusc.

da decisão judicial, isto é, se esta estiver sendo investigada por tráfico de drogas, comumente os juízes entendem que há uma incompatibilidade para o exercício materno, ou seja, ela representaria mais um perigo que auxílio para os seus filhos.

Sendo assim, o objetivo geral desse trabalho foi identificar como o preconceito de gênero afeta as decisões judiciais das mulheres que traficam, no que concerne ao deferimento da prisão domiciliar. Já de modo específico, pretende-se: discorrer sobre a decisão que concede para as mulheres encarceradas, o direito à prisão domiciliar; dissertar sobre o envolvimento da mulher na criminalidade, em especial sobre seu envolvimento no tráfico de drogas; e, por fim, analisar de que modo as decisões judiciais promovem desigualdades quanto à concessão da prisão domiciliar para as mulheres que traficam.

A temática foi escolhida por abordar um problema que apresenta ser de pouco interesse perante as autoridades, com o objetivo de buscar conceitos e propostas para uma melhor apresentação do tema e, com isso, trazer soluções que possam amenizar o problema. Além disso, pretende contribuir com pesquisas, buscas e leituras sobre a temática, objetivando analisar a eficácia ou ineficácia da Lei de Drogas na sociedade e no mundo jurídico, em específico a crescente participação das mulheres no submundo da criminalidade.

Visando o desenvolvimento da proposta desse trabalho, foi adotado como procedimento metodológico o levantamento bibliográfico, isto é, utilizou-se como base materiais já elaborados sobre o assunto, à exemplo de livros doutrinários, artigos científicos, dados governamentais e a própria legislação. Já em relação ao tipo de pesquisa, esta pode ser classificada como exploratória-descritiva, haja vista que buscou proporcionar uma maior familiaridade sobre o problema, bem como, diante disso utilizando um maior entendimento sobre a prisão domiciliar para a mulher que trafica.

2. Concessão da prisão domiciliar para as mulheres presas

Inicialmente, ao analisar os dados das prisões brasileiras, identificou-se que o Brasil possui a quarta maior população carcerária feminina do mundo, com mais de 42 mil mulheres presas (INFOPEN, 2017). Em face disso, o encarceramento feminino se tornou um assunto de grande relevância no país. Ainda de acordo com o Infopen (2017), as mulheres encarceradas, na grande maioria, são negras ou pardas, com baixo nível de escolaridade, fruto, muitas vezes, de uma família desestruturada, e o crime que mais as levam ao encarceramento é o tráfico de drogas.

Dentro dessa prática criminosa, destaca-se a figura da mulher que entra para o crime a partir da cumplicidade com seus parceiros, isto é, mulheres que não estavam determinadas ao cometimento de ilícitos penais, mas por vitimização, terminam sendo presas (SALIM, 2016). Ademais, uma vez presas, existe algumas condições legais a serem cumpridas pelas unidades existentes, no entanto, raramente essas condições são observadas na prática. Um exemplo disso, são os estabelecimentos penais mistos, onde agentes penitenciários do sexo masculino tem acesso à área destinadas as presas (TALON, 2018).

Tal situação viola diretamente o que afirma o art. 83 da Lei de Execução Penal, que além de afirmar, no seu *caput*, que "O estabelecimento penal, conforme a sua natureza, deverá contar em suas dependências com áreas e serviços destinados a dar assistência, educação, trabalho, recreação e prática esportiva"; prevê, no seu § 3º, que os estabelecimentos penais femininos "[...] deverão possuir, exclusivamente, agentes do sexo feminino na segurança de suas dependências internas". Ante o exposto, conclui-se, de acordo com Talon (2018), que as condições em que as mulheres presas estão inseridas são bastante precárias.

Como forma de minimizar esses problemas, foram criadas as Regras de Bangkok, um documento da Organização das Nações Unidas para tratamento das mulheres presas. Essas regras, tentam sensibilizar os órgãos públicos do sistema carcerário para os cuidados com a questão de gênero no cárcere. Além disso, tratam do problema da mulher que é presa grávida ou vem a engravidar na prisão, apresentando a necessidade de um tratamento diferenciado para elas. Desde a aprovação dessas regras, o intuito era a redução de desigualdades de gênero e garantia dos direitos das mulheres (GUIMARAES, 2017).

É importante destacar que os direitos das mães e dos bebês precisam ser considerados em relação à gravidez, ao parto, à amamentação e aos cuidados pós-natais na prisão. Com isso, as mulheres grávidas, enquanto estão na prisão, têm necessidades específicas de saúde e nutrição. No entanto, o encarceramento de mulheres grávidas em estabelecimentos prisionais precários é prejudicial a elas, em razão da inexistência de programas de saúde pré-natal, assistência regular na gestação e no parto, falta de berçários, entre outros fatos que violam os princípios constitucionais basilares (SANTANA, 2019).

Nesse sentido, ressalta-se que o Supremo Tribunal Federal, através do julgamento do Habeas Corpus Coletivo nº 143.641-SP, em 20 de fevereiro de 2018, concedeu a substituição de prisão preventiva pela domiciliar a mulheres que sejam gestantes, puérperas (que deu à luz há pouco tempo), mães de crianças até 12 anos incompletos ou de pessoas com deficiência (PEREIRA, 2019). Conforme o julgado, tem-se que o STF determinou:

> [...] "a substituição da prisão preventiva pela domiciliar - sem prejuízo da aplicação concomitante das medidas alternativas previstas no art. 319 do CPP - de todas as mulheres presas, gestantes, puérperas, ou mães de crianças e deficientes sob sua guarda [...], enquanto perdurar tal condição, excetuados os casos de crimes praticados por elas mediante violência ou grave ameaça, contra seus descendentes ou, ainda, em situações excepcionalíssimas, as quais deverão ser devidamente fundamentadas pelos juízes que denegarem o benefício. 2. A novel legislação teve reflexos no Código de Processo Penal e imprimiu nova redação ao inciso IV do seu art. 318, além de acrescer-lhe os incisos V e VI. Tais mudanças encontram suporte no próprio fundamento que subjaz à Lei n. 13.257/2016, notadamente a garantia do desenvolvimento infantil integral, com o "fortalecimento da família no exercício de sua função de cuidado e educação de seus filhos na primeira infância" (art. 14, § 1º) (Habeas Corpus Coletivo nº 143.641-SP, Relator: Ministro Ricardo Lewandowiski, Julgamento: 20/02/2018).

O Habeas Corpus 143.641/SP foi um marco muito importante para mulheres no cárcere, pois, assim, evitará a violação dos direitos fundamentais das presas e dos seus filhos. Afinal, quando uma mãe é presa, seus filhos são separados dela e acabam sendo aprisionados também, pois é negado a eles o direito a convivência plena e aos cuidados maternos (SANTANA, 2019). O objetivo da decisão, como bem destacado na sua ementa foi assegurar o desenvolvimento integral da criança, isto é, o fortalecimento da família no exercício do cuidado e educação dos seus filhos.

Segundo afirmou o ministro Ricardo Lewandowiski na decisão, as presas mães e grávidas são as mais vulneráveis na população, razão pela qual determinou que o Congresso Nacional fosse notificado para o início de um estudo, com intuito de estender a possibilidade de prisão domiciliar para mulheres mães de crianças de até 12 anos de idade e gestantes, mesmo diante de casos de condenação definitiva. Nesse aspecto, cita-se que em 19 de dezembro de 2018 foi promulgada a Lei n° 13.769, que estabelece a substituição da prisão preventiva por prisão domiciliar da mulher gestante ou que for mãe ou responsável por crianças ou pessoas com deficiência e para disciplinar o regime de cumprimento de pena das condenadas na mesma situação.

Foi mencionado na decisão, que os juízes deverão adotar, nas audiências de custódia, o entendimento supramencionado, concedendo a prisão domiciliar sempre com a observância dos parâmetros estabelecidos. Além disso, ressalta-se que o fato de haver reincidências não impede a concessão do benefício, o juiz deve examinar o caso considerando as restrições impostas na decisão, conforme está previsto no art. 318-A do Código de Processo Penal:

> Art. 318-A. A prisão preventiva imposta à mulher gestante ou que for mãe ou responsável por crianças ou pessoas com deficiência será substituída por prisão domiciliar, desde que: (Incluído pela Lei n° 13.769, de 2018).
>
> I -não tenha cometido crime com violência ou grave ameaça a pessoa; (Incluído pela Lei n° 13.769, de 2018).
>
> II -não tenha cometido o crime contra seu filho ou dependente. (Incluído pela Lei n° 13.769, de 2018).

Desse modo, na decisão do STF, o ministro ressaltou que aplicação dessa Lei, que dá acesso para as mulheres obter a prisão domiciliar, relaciona-se com as regras de Bangkok. Além disso, foi citado no julgamento do Habeas Corpus 143.641/SP, julgado pelo ministro Ricardo Lewandowiski, que o tráfico de drogas, que não pertence a organização criminosa e que for cometido por pessoas que não tenham antecedentes criminais, não é considerado como crime hediondo, decisão que poderá mudar a vida de muitas mulheres que hoje estão presas por tráfico.

3. Envolvimento da mulher na criminalidade

É de conhecimento geral que a criminalidade se caracteriza como um comportamento humano que vem sendo praticado desde os primórdios. Nos dias de hoje, a mulher está se inserindo com maior frequência e maior velocidade na prática delituosa, ocorrendo um aumento excessivo na criminalidade feminina, principalmente relacionado ao crime de tráfico de drogas (DUTRA, 2012). Dados mais recentes do Infopen (2019), revelam que o quantitativo atual de mulheres custodiadas no Brasil é de 37.828 mulheres, redução que ocorreu após o cumprimento da decisão referida no capítulo anterior.

Desde os tempos mais antigos, as mulheres foram educadas para serem mãe e esposa, atribuindo assim um papel de dedicação ao lar e a criação dos filhos, submetendo-se as ordens do marido (MAIA, 2018). Em razão dessa ser vista como dócil e incapaz de cometer delitos, acreditavam que a mulher só era capaz de praticar delitos passionais ou crimes contra a maternidade. Sendo o crime de furto o mais praticado e responsável por apenar e encarcerar o sexo feminino (BIACHINI, 2011).

Do início do século XX até a atualidade, tem-se que os crimes não estão mais direcionados ao âmbito privado, eles estão ganhando centralização no âmbito público e perdem a conotação de delitos associado a maternidade. Realmente, os crimes de maior proporção cometidos por mulheres estão ligados ao tráfico ou consumo de drogas. No entanto, esse envolvimento ainda é pouco discutido (SOUZA, 2008). Desse modo, apesar de a mulher ser vista no passado como "sexo frágil", hoje, comete crimes e é comparada aos homens (ARAÚJO, 2018).

No Brasil, dificilmente será encontrada uma mulher presa que tenha concluído o ensino médio ou que estivesse empregada antes da prisão. Na realidade, essa tende a ser jovem; mãe solteira; não possui estudo formal ou quando possui este é pouco; pertence a camada financeira hipossuficiente; quando ocorreu o crime estava desempregada ou subempregada; e responde direta ou indiretamente por tráfico de drogas. Geralmente, as mulheres criminosas são negras ou pardas, a minoria é branca (BIACHINI, 2011).

A verdade é que se percebe uma banalização do crime, pois a população brasileira vive em um país com falta de estrutura, caracterizado por problemas como fome, corrupção, analfabetismo e extrema desigualdade social. Por isso, a criminalidade acaba sendo apenas mais um problema dentre tantos outros encontrados nesta. Na realidade, as mulheres se mostram evidentes no mundo do crime, apesar do índice absoluto ser baixo, não se deve ignorar pois não deixa de ser um problema.

Para que possam notar de forma integral o problema da criminalidade, além de levar em conta os números e as estatísticas, marcar também as suas principais causas, e o que percebe, de acordo com os estudiosos do assunto, é que a pobreza tem sido bastante discutida como causa e como principal responsável pelo aumento da criminalidade no Brasil. Nesse país, existe pouca oportunidade para o sustento, não tem opção de empregos, levando as mulheres para busca desses delitos (AGRA, 2017).

A pobreza não é a única causa da criminalidade. Existe também a desigualdade social, o desemprego, a falta de educação, o capitalismo e até mesmo a própria sociedade. Apesar da marginalização ser forte associação a criminalidade, essa reflexão recai pelo fato da mesma ser repassada por toda sociedade, seus segmentos, classes, faixa etárias. O uso do tráfico de drogas pode ser feito por indivíduos de classe média e alta. Pode-se destacar, por exemplo, os crimes de estelionato, que geralmente são praticados por políticos e empresários (AGRA, 2017).

Pode-se mencionar que nos últimos anos o crescimento da população feminina tem sido maior que a masculina, estima-se que atualmente existe cerca de quatro milhões a mais de mulheres em relação a quantidade de homens no país, mantendo os percentuais cada vez mais elevados. Ocorre essa desigualdade quantitativa entre os gêneros pela maior expectativa de vida feminina e da maior mortalidade de jovens do sexo masculino. Ainda convém lembrar que as mulheres presidiárias representavam, em junho de 2017, 35,52 presas para cada 100 mil mulheres (INFOPEN, 2017).

Esse aumento de mulheres presas por causa do tráfico é por causa da maioria das mulheres desempenhar funções inferiores na escala hierárquica, levando assim, a serem facilmente presas, em frequência e função feminina associada ao tráfico, pessoa que é presa por estar presente na cena em que são efetuadas outras prisões, consumidoras, cúmplice ou assistente. Mesmo com o aumento da violência por causa do tráfico de drogas em ambos os sexos, haveria uma baixa condescendência por parte do sistema de justiça em relação à condenação das mulheres (SOUZA, 2009).

A população carcerária feminina alcançou um aumento significativamente preocupante, principalmente pela quantidade de condenações por tráfico de drogas. Sendo este considerado o principal crime responsável por colocar frequentemente as mulheres atrás das grades (DUTRA, 2012). Muitas delas vão atrás ou são levadas a este delito por meio de uma figura masculina, sendo mais uma vez confirmada a influência das relações de gênero no universo criminal.

Em prol de um relacionamento, as mulheres se submetem a atos criminosos sem reparar nas consequências de tais imprudências.

Além disso, um outro fator que influencia na maior inserção das mulheres no mundo do crime, é o fato de a participação feminina levantar menos suspeita, exatamente por ser a mulher, para a maioria da população, menos sujeita ao cometimento de ilícitos. Os homens possuem mais recursos para fugas, eles têm mais condições de defesa em processos penais (BIACHINI, 2011).

Mais especificamente em relação a participação das mulheres no tráfico de drogas, Ribeiro expõe que:

> [...] uma explicação possível para esse fenômeno é a facilidade que a mulher possui para circular com a droga pela sociedade, por não se constituir em foco principal da ação policial". Partindo desse pressuposto MIZON, expõe que: "as mulheres são vistas como alvos fáceis pelos traficantes, pois a sociedade em geral tende a não desconfiar das mesmas, portanto teriam mais facilidades no tráfico" (RIBEIRO, 2003, p. 64).

Muitas vezes, a participação da mulher no tráfico é vista como resultado da opressão do medo, relações de íntimo afetivas, ou muitas vezes para dar alguma prova de amor ao companheiro. Além disso, a mesma é envolvida no tráfico de drogas pela falta de opção que caracterizam a vida dessas mulheres, elas são vistas como vitimizadas por homens criminosos (BARCINSKI, 2012). Pode-se afirmar que quem atua como o principal protagonista no tráfico de drogas são os homens, raramente será encontrada alguma delas como chefe do tráfico. São os homens que mandam, as mulheres só atuam como coadjuvantes (BIACHINI, 2011).

Em suma, o envolvimento da mulher na criminalidade se dá em assumir responsabilidades pelas suas escolhas, estas se posicionam como vítimas de um sistema social injusto, que não lhe deixam outra opção senão a criminalidade. O protagonismo e a vitimização estão presentes no discurso acerca do seu ingresso na atividade. Referem-se a falta de opção que leva meninos e meninas a entrarem para a atividade. A dificuldade de inserção no mercado formal de trabalho e a necessidade de sustentarem seus filhos e suas famílias aparecem como elementos principais nas suas escolhas (BARCINSKI,2009).

4. Tráfico de drogas, prisão domiciliar e decisões judiciais discriminatórias

Inicialmente, destaca-se que, as "facilidades" da economia do tráfico somadas às posições vulneráveis que as mulheres geralmente ocupam no comércio de drogas contribuiu para a criminalização dessas que, em sua maioria, com baixíssimo grau de escolaridade estão à margem do mercado formal de trabalho. Logo, o tráfico de drogas em contato com a política altamente repressiva do Estado contribuiu para o aumento do encarceramento feminino. Diante disso, pode-se afirmar que "neste contexto, as mulheres são atingidas de maneira muito expressiva, relevando que a guerra contra as drogas é também uma guerra contra mulheres" (CHERNICHARO *et al.*, 2014, p.16).

No que concerne à concessão da substituição da prisão preventiva por prisão domiciliar, em favor de pacientes gestantes ou mães de filhos menores de 12 anos, prevista na norma do art. 318, IV e V, do CPP, essa garantia foi expressamente reconhecido pelo STF quando da concessão da ordem no Habeas Corpus coletivo 143.641/SP. O voto condutor do acórdão deste Habeas Corpus, citou uma pesquisa científica voltada a avaliar o desenvolvimento de crianças submetidas a contextos prisionais: "com relação ao desenvolvimento infantil e seus aspectos cognitivo, motor, afetivo e social, todas as crianças apresentavam o seu desenvolvimento comprometido" (SANTOS *et al.*, 2016, p. 144).

O benefício foi concedido para que as mulheres pudessem prestar toda assistência a seu filho, conforme o direito da criança. Entretanto, em alguns casos, isso não estava acontecendo, diante disso, não queriam conceder o benefício para as mulheres mães em envolvimento no tráfico de drogas. Diziam que a concessão da prisão domiciliar não era favorável, pois havia um sério risco de que a mãe envolvesse a criança na traficância, colocando o bem-estar do seu filho em perigo e agindo contra o entendimento do STF.

Nesse sentido, ressalta-se que os ministros previram regras à concessão do benefício, que deveria ocorrer em situações excepcionalíssimas, a serem analisadas pelo juiz deve substituir, pois o principal objetivo da lei é a proteção da criança, e não a concessão de um "salvo-conduto às mulheres que cometem crimes sem violência ou grave ameaça, independentemente do risco que a sua liberdade possa oferecer aos filhos, à pessoa com deficiência pela qual é responsável, ou mesmo à sociedade". Conforme o entendimento da Lei 13.769/2018, afirma o ministro Reynaldo da Fonseca:

> Com a publicação da nova lei, não resta dúvida que se trata de um poder dever para o juiz aplicar o benefício, ressalvados os casos em que tenha cometido crime com violência ou grave ameaça a pessoa

ou contra seu filho ou dependente. Assim, forçoso reconhecer o caráter objetivo de aplicação da nova lei, com a substituição do termo poderá (artigo 318, caput) por será (artigo 318-A, caput), sempre que apresentada prova idônea do requisito estabelecido na norma (artigo 318, parágrafo único (FONSECA, 2019)

O propósito da lei, todavia, é manter segregadas as mulheres que tenham cometido crime mediante violência ou grave ameaça, ou que possam colocar em risco à integridade dos próprios descendentes. Evidencia-se que, o STF já manteve a prisão de mulher na qual, de acordo com investigações, era vinculada à organização criminosa Comando Vermelho, na condição de "líder do tráfico de entorpecentes na região, exercia suas atividades mediante utilização de arma de fogo, e foi apreendida grande quantidade de drogas sob sua responsabilidade dentro da própria residência em que convivia com os filhos" (CORRÊA, 2019).

Destaca-se que, cerca de 68% mulheres estão presas por crimes relacionados ao tráfico de entorpecentes, os quais não tem envolvimento em violência nem grave ameaça a pessoas, e cuja inibição reincide, diante da parcela mais vulnerável da população, destacando os pequenos traficantes, todavia, na sua grande maioria mulheres. Entretendo, evidencia-se que a negativa em conceder a prisão domiciliar deve necessariamente estar pautada ou nas duas primeiras hipóteses expressas na decisão, quais sejam, a prática de crime cometido mediante violência ou grave ameaça, ou conta seus descendentes, ou em situações excepcionalíssimas (REFOSCO, 2019).

Todavia, evidencia-se que, em outubro de 2017, após informações de falhas na liberação das mães nas cadeias, o ministro Ricardo Lewandowaki, do STF, derrubou decisões de instâncias inferiores que rejeitaram o benefício e requisitou informações às Corregedorias dos Tribunais de Justiça de São Paulo, Rio de Janeiro e Pernambuco sobre eventuais descumprimentos da decisão da Suprema Corte. O magistrado também esclareceu alguns motivos que não podem ser usados para negar a substituição da prisão, como o ser reincidente ou acusado de tráfico de drogas dentro de casa (FERNANDES, 2019).

Desse modo, esses parâmetros foram considerados essenciais por defensorias públicas para cobrar uma objetividade dos juízes. Entretanto, destaca-se que o Brasil tem uma crise de teoria da decisão e tudo parece muito líquido, aquela ideia de "cada cabeça, uma sentença", mesmo em coisas em que se eram consideradas objetivas (FERNANDES, 2019). Ressalta-se que, ao STF, o Depen informou que 14.750 mulheres poderiam estar em prisão domiciliar, seguindo o entendimento do Judiciário, com a sanção da Lei 13.769. Por sua vez, afirma o ministro Ricardo Lewandowski:

> Não há razões para suspeitar que a mãe que trafica é indiferente ou irresponsável para o exercício da guarda dos filhos, nem para, por meio desta presunção, deixar de efetivar direitos garantidos na legislação nacional e supranacional (Supremo Tribunal Federal, 25 de outubro de 2018).

Destaca-se que, de forma geral, julgadores da decisão utilizaram a equiparação legal do tráfico de drogas como crime hediondo para atestar sua gravidade e justificativa para a não concessão da prisão domiciliar ou outros direitos de execução penal. A retórica da hediondez do tráfico legitima o encarceramento, mesmo que a lei dos crimes hediondos não vede a liberdade provisória, os juízes e juízas a vedam na prática (BRAGA et al, 2015, p.5). Diante disso, observa-se que havia uma preocupação de se ressalvar que a medida era excepcional, dadas as circunstâncias do caso, eis que o tráfico é considerado crime grave e, que por si só, autorizaria a prisão preventiva com base no art. 312 do CPP, como no exemplo abaixo:

> Se não bastasse, é de se ter presente que ela responde por crime grave - tráfico de entorpecentes - e que, sabido, à sociedade, é fomento da prática de crimes gravíssimos como furtos, roubos, homicídios e latrocínios, provocando pânico e temeridade social, a recomendar a observância das medidas assecuratórias da aplicação da lei penal, não sendo recomendado que responda em liberdade provisória aos acusados pela prática do crime previsto no artigo 33, caput, da Lei n° 11.343/06, ressalta-se, todavia, que esta não é a hipótese aqui tratada. O que ocorre in casu é a manutenção da prisão preventiva, que pode ser cumprida em prisão domiciliar (Tribunal de Justiça de São Paulo. Habeas-corpus n° 0206397-77.2012.8.26.0000, da 12ª Câmara de Direito Criminal, São Paulo, 17 de dezembro de 2012).

Diante do exposto, fica evidente a dissociação entre a figura da criminosa/traficante com a figura da mãe, como se o envolvimento com o tráfico de drogas por si só já fosse necessário para apontar uma maternidade irresponsável, quando se discute que um dos grandes motivos que levam a mulher a prática ao tráfico é justamente voltada à necessidade de manutenção de sua casa e família. Subestime a ideia de que uma mãe envolvida no tráfico de drogas, pode ser uma ameaça à integridade moral de seus filhos e, por isso, estes devem ser educados por outras pessoas (BRAGA *et al.*, 2015, p.7).

5. Considerações Finais

O presente trabalho apresenta o Habeas Corpus 143.641 como um marco importante para as mulheres encarceradas, pois defende a ideia de que os direitos fundamentais delas sejam observados, bem como os direitos dos filhos, ao conceder a prisão domiciliar. A partir dessa decisão, foram analisadas outras que negam a concessão dessa medida para as mulheres com envolvimento no tráfico de drogas, o que possibilitou uma análise ao questionamento de que a desigualdade de gênero interfere nas decisões judiciais. Para responder à pergunta, foi realizado um levantamento bibliográfico, utilizando como base materiais já elaborados sobre o assunto.

Dentro desse contexto, observou-se que as decisões que concedem direito à prisão domiciliar para mulheres presas trazem uma análise sobre a violação dos direitos fundamentais destas no cárcere, onde por vezes esses são negados. Seja pela superlotação, pela existência de estabelecimentos mistos entre homens e mulheres, pela não existência de uma política criminal que venha respeitar as diferenças biológicas e comportamentais entre o público feminino e o masculino, mas a questão é que a violação desses direitos, especialmente os relacionamos a maternidade, é o que justifica, em parte, a concessão dessa medida.

Ao analisar a criminalidade feminina, é evidente que o envolvimento da mulher com o tráfico de drogas é o principal fator para o encarceramento desta, é o que revela o aumento vertiginoso da população carcerária feminina dos últimos anos. Esse aumento decorre do fato de que a maioria das mulheres desempenham funções inferiores na escala hierárquica do tráfico. Desse modo, tem-se que a maioria das mulheres presas hoje no Brasil respondem por esse crime. Como motivação, existe uma grande desigualdade no mercado formal entre homens e mulheres, onde por vezes o sexo feminino recebe bem menos, fato que se torna um grande fator para que as mulheres optem pelo mercado informal, conseguindo assim levar uma vida "fácil" por meio do tráfico de drogas.

No que se refere à análise da desigualdade presente entre as decisões judiciais que visam conceder prisão domiciliar à mulher envolvida no tráfico de drogas, evidenciou-se que apesar de o benefício ter sido concedido para que as mulheres pudessem prestar assistências aos seus filhos, estas, por serem incursas no aludido crime, são vistas como incapazes de cuidar dos filhos, pois, teoricamente, apresentaria sérios riscos de os envolver na traficância. Foi possível constatar que os julgadores utilizam o fato de o tráfico ser um crime hediondo, para justificar a gravidade e não conceder o benefício para as mulheres, causando também uma vedação aos direitos fundamentais das mesmas.

A mulher com envolvimento no tráfico de drogas, infelizmente, é considerada incapaz de cuidar dos filhos, o que viola não só a sua dignidade como também o princípio da igualdade, esta violação discorre porque muitas vezes os motivos que as fazem adentraram no mundo da criminalidade e se envolverem com o tráfico podem ter razões particulares que independem da sua vontade, podem ser mulheres que encontram neste universo oportunidades mais fáceis de mudarem de vida, ou vivem em relações abusivas e acabam sendo sujeitadas a se tornarem traficantes por seus parceiros.

Desta forma, ao considera-las inaptas a exercer a maternidade, vai contra os seus direitos fundamentais, dentre eles o de se reabilitar novamente a sociedade, visto que elas podem pagar por seus crimes e exercer o direito de cuidar dos seus filhos. Os julgadores que exercem o poder de decidir os caminhos que percorrerá a mulher condenada por tráfico de drogas, precisam se posicionar de forma a garantir que a dignidade e o princípio da igualdade estejam resguardados durante o julgamento, e que cada caso será analisado de forma parcial e individual, onde a convivência da mãe com seus filhos será minuciosamente estudado, e somente será atestado a incapacidade da mulher de cuidar dos filhos, quanto isto representar um risco para os menores.

Outrossim, salienta-se, quanto ao envolvimento das mulheres no tráfico de drogas, que enquanto o mercado formal permanecer desigual entre homens e mulheres, sempre irá existir essa opção para elas. A solução cabível para o referido problema seria uma melhoria no mercado formal, pois a igualdade é fundamental para a democracia. Além disso, seria necessário que o Estado: reduzisse as desigualdades sociais e de gênero; promovesse uma maior distribuição de renda; fornecesse educação e qualificação para o mercado de trabalho; e reduzisse os índices de desemprego, tendo que este também é um dos principais fatores para o mercado informal e, por vezes, ilegal de trabalho.

Referências

AGRA, Rodolfo. **Principais elementos que fomentam a criminalidade no Brasil**, 2017. Disponível em: https://rodolfoagra96.jusbrasil.com.br/artigos/469667549/principais-elementos-que-fomentam-a-criminalidade-no-brasil. Acesso em: 19 jun. 2020.

ARAÚJO, Elton de Souza. **A criminalidade feminina revelada**, 06/2018. Disponível em: https://jus.com.br/artigos/66964/a-criminalidade-feminina-revelada. Acesso em: 19 jun. 2020.

BARCINSKI, Mariana. **Mulheres no tráfico de drogas: a criminalidade como estratégia de saída da invisibilidade social feminina**, 2012. Disponível em: https://www.researchgate.net/publication/326263495_Mulheres_no_trafico_de_drogas_a_criminalidade_como_estrategia_de_saida_da_invisibilidade_social_feminina. Acesso em: 19 jun. 2020.

BARCINSKI, Mariana. **Centralidade de gênero no processo de construção da identidade de mulheres envolvidas na rede do tráfico de drogas**, 2009. Disponível em: https://www.google.com/url?sa=t&rct=j&q=&esrc=s&source=web&cd=&cad=rja&uact=8&ved=2ahUKEwia4LCJqObqAhUOJLkGHWwHAvUQFjAAegQIBRAB&url=https%3A%2F%2Fwww.scielo.br%2Fscielo.php%3Fpid%3DS1413-81232009000500026%26script%3Dsci_arttext%26tlng%3Des&usg=AOvVaw0hbtIAzWsP6mfjO6n0UTTi. Acesso em: 19 jun. 2020.

BIANCHINI, Alice. **Mulheres, tráfico de drogas e sua maior vulnerabilidade: série mulher e crime**, 2011. Disponível em: https://professoraalice.jusbrasil.com.br/artigos/121814131/mulheres-trafico-de-drogas-e-sua-maior-vulnerabilidade-serie-mulher-e-crime. Acesso em: 19 jun. 2020.

BRAGA, Ana Gabriela; FRANKLIN, Naila Ingrid Chaves. **Quando a casa é a prisão:** uma análise de decisões de prisão domiciliar de grávida e mães após a lei 12.403/2011, 2015. Disponível em: http://mulheresemprisao.org.br/wp-content/uploads/2016/06/Quando_a_casa_e_a_prisao_uma_a nalise_de.pdf. Acesso em: 19 jun. 2020.

BRASIL. **Lei n° 7.210, de julho de 1984**. Disponível em: http://www.planalto.gov.br/ccivil_03/leis/l7210compilado.ht m. Acesso em: 19 jun. 2020.

________. **Lei n° 3.689, de 3 de outubro de 1941**. Institui o Código de Processo Civil. Disponível em: http://www.planalto.gov.br/ccivil_03/decreto-lei/del3689.htm. Acesso em: 19 jun. 2020.

CHERNICHARO, Luciana Peluzio; PANCIERI, Aline Cruvello; SILVA, Bruna Banchik Mota. **Mulheres encarceradas, seletividade penal e tráfico de drogas no Rio de Janeiro,** 2014. GT –Sistema Penitenciário e Direitos Humanos. Anais do VII I Encontro da Andhep. Disponível em: https://www.academia.edu/9832323/_Mulheres_Encarceradas _Seletividade_Penal_e_Tr%C3%A1fico_de_Drogas_no_Rio_d e_Janeiro. Acesso em:19 jun. 2020.

CONSULTOR JURÍDICO. **Mãe que deixava drogas dentro de casa não pode ficar em prisão domiciliar**, 2018. Disponível em: https://www.conjur.com.br/2018-jul-12/mae-deixava-drogas-dentro-casa-nao-ficar-domiciliar. Acesso em: 19 jun. 2020.

CONSULTOR JURÍDICO. **Situações excepcionais podem impedir prisão domiciliar para mães, decide STJ**, 2019. Disponível em: https://www.conjur.com.br/2019-fev-22/situacoes-excepcionais-podem-impedir-domiciliar-maes-stj. Acesso em: 19 jun. 2020.

CORRÊA, Gasparino. **Prisão domiciliar para mulheres**, 2019. Disponível em: https://gasparino.jusbrasil.com.br/artigos/705743707/prisao-domiciliar-para-mulheres. Acesso em: 19 jun. 2020.

DUTRA, Thaíse concolato. **A criminalidade feminina com relação ao tráfico de drogas, frente à lei 11.343/061**, 2012. Disponível em: https://www.google.com/url?sa=t&source=web&rct=j&url=h ttp://www.pucrs.br/direito/wp-content/uploads/sites/11/2018/09/thaise_dutra.pdf&ved=2ah UKEwj6greQw-

3pAhVGLLkGHU2uBYoQFjAAegQIAhAB&usg=AOvVaw2 8QsZt138CbF60OGJt2m0c. Acesso em: 19 jun. 2020.

GARCIA, Ana Paula Domingues. **Mães com filhos de até 12 anos podem solicitar a substituição da prisão preventiva por outra medida cautelar com a prisão domiciliar**, 2017. Disponível em: https://anagarciaoabdf.jusbrasil.com.br/artigos/449368267/ma es-com-filhos-de-ate-12-anos-podem-solicitar-a-substituicao-da-prisao-preventiva-por-outra-medida-cautelar-como-a-prisao-domiciliar/amp. Acesso em: 19 jun. 2020.

G1. **Ministro concede prisão domiciliar a presas por tráfico que forem mães ou estiverem grávidas**, 2018. Disponível em: https://g1-globo-com.cdn.ampproject.org/v/s/g1.globo.com/google/amp/politi ca/noticia/2018/10/25/stf-autoriza-prisao-domiciliar-para-todas-as-presas-por-trafico-que-forem-maes-ou-estiverem gravidas.ghtml?usqp=mq331AQFKAGwASA%3D&_js_v =0.1#aoh=15856781389204&referrer=https%3A%2F%2Fww w.google.com&_tf=Fonte%3A%20%251%24s&share =https%3A%2F%2Fg1.globo.com%2Fpolitica%2Fnoticia%2F 2018%2F10%2F25%2Fstf-autoriza-prisao-domiciliar-para-todas-as-presas-por-trafico-que-forem-maes-ou-estiverem-gravidas.ghtml. Acesso em: 19 jun. 2020.

GUIMARAES, Julia. **Os direitos reconhecidos pela ONU às presidiárias (tratamento de mulheres presas e medidas não privativas de liberdade para mulheres infratoras)**, 2017. Disponível em: https://juguiimaraes.jusbrasil.com.br/artigos/446258185/regra s-de-bangkok. Acesso em: 19 jun. 2020.

INFOPEN. **Relatório temático sobre as mulheres privadas de liberdade***s*. Organização: SILVA, Marcos Vinicius Moura. Brasília: Ministério da Justiça e Segurança Pública, Departamento Penitenciário Nacional, 2019.

INFOPEN Mulheres. **Levantamento nacional de informações penitenciárias** – 2. ed. Organização: SANTOS, Thandara *et al*. Brasília: Ministério da Justiça e Segurança Pública, Departamento Penitenciário Nacional, 2017.

FERNANDES, Marcela. **Prisão domiciliar para mães ainda é desafio, apesar de decisão do STF**, 2019. Disponível em: https://www.huffpostbrasil.com/amp/entry/prisao-domiciliar-maes-descumprida_br_5c9d4177e4b0474c08cb2153/. Acesso em: 19 jun. 2020.

ITTC. **STF reconhece Regras de Bangkok como meio de desencarcerar mulheres,** 2016. Disponível em: http://ittc.org.br/stf-reconhece-regras-bangok-como-meio-desencarcerar-mulheres/. Acesso em: 19 jun. 2020.

D'AVILA, Maria Clara. **Aprovado Projeto de Lei que garante prisão domiciliar para mães e gestantes**. 2018. Disponível em: http://ittc.org.br/aprovado-lei-13769-prisao-domiciliar/. Acesso em: 19 jun. 2020.

LEWANDOWSKI, Ricardo. **Habeas Corpus, 143.641**, São Paulo. 2018. Disponível em:http://www.stf.jus.br/arquivo/cms/noticiaNoticiaStf/anexo/HC143641final3pdfVoto.pdf. Aceso em: 19 jun. 2020.

MAIA, Celijane Araújo. **Mulheres no tráfico de drogas:** um estudo das relações sociais que contribuem para o aprisionamento de mulheres, 2018. Conclusão de curso – Universidade Federal de Roraima, Boa Vista-RR, 2018.

MIGALHAS QUENTES. **Mãe acusada de traficar drogas na própria casa não consegue prisão domiciliar**, 2018. Disponível em: https://www.migalhas.com.br/quentes/283645/mae-acusada-de-traficar-drogas-na-propria-casa-nao-consegue-prisao-domiciliar. Acesso em: 19 jun. 2020.

MINZON, Camila Valéria; DANNER, Glaucia Karina; BARRETO, Danielle Jardim. **Sistema prisional:** conhecendo as vivências da mulher inserida nesse contexto, 2009. Disponível em: https://revistas.unipar.br/index.php/akropolis/article/view/3118/221. Acesso em: 19 jun. 2020.

PEREIRA, Jeferson Botelho. **Prisão domiciliar:** decisão do STF autoriza o recolhimento domiciliar de mulheres gestantes ou com filhos menores, 2019. Disponível em: https://jus.com.br/amp/artigos/69977/1. Acesso em: 19 jun.

2020.

REFOSCO, Helens Campos; WURSTER, Tani Maria Wurster. **Prisão domiciliar para gestantes e mães com filhos menores de 12 anos:** habeas corpus coletivo e individuais na jurisprudência recente ao Supremo Tribunal Federal, 2019. Disponível em: https://www.researchgate.net/profile/Helena_Refosco2/publication/337289743_PRISAO_DOMICILIAR_PARA_GESTANTES_E_MAES_COM_FILHOS_MENORES_DE_12_ANOS_HABEAS_CORPUS_COLETIVO_E_INDIVIDUAIS_NA_JURISPRUDENCIA_RECENTE_NO_SUPREMO_TRIBUNAL_FEDERAL/links/5dea4961a6fdcc28370aeebd/PRISAO-DOMICILIAR-PARA-GESTANTES-E-MAES-COM-FILHOS-MENORES-DE-12-ANOS-HABEAS-CORPUS-COLETIVO-E-INDIVIDUAIS-NA-JURISPRUDENCIA-RECENTE-NO-SUPREMO-TRIBUNAL-FEDERAL.pdf?origin=publication_detail. Acesso em: 19 jun. 2020.

RIBEIRO, Ludmila Mendonça Lopes. **Análise da política penitenciária feminina do Estado de Minas Gerais:** o caso da penitenciária industrial Estevão Pinto, 2003. Dissertação (Mestrado em administração Pública) – Fundação João Pinheiro, Belo Horizonte, 2003.

SALIM, Bruna. **As razões do encarceramento feminino,** 2016. Disponível em: https://brunasalim.jusbrasil.com.br/artigos/400528388/as-razoes-do-encarceramento-feminino/amp. Acesso em: 19 jun. 2020.

SANTANA, Matheus de Oliveira. **Prisão domiciliar para gestantes, puérperas, mães de crianças e mães de pessoas com deficiência,** 2019. Disponível em: https://jus.com.br/artigos/71095/prisao-domiciliar-para-gestantes-puerperas-maes-de-criancas-e-maes-de-pessoas-com-deficiencia. Acesso em: 19 jun. 2020.

SANTOS, Denise; BISPO, Tânia; SANTOS, Sara; NUNES, Fabiane; REBOUÇAS, Leticia. **Crescimento e desenvolvimento de crianças na casa de acolhimento no contexto prisional,** 2016. Disponível em:

https://proceedings.ciaiq.org/index.php/ciaiq2017/article/vie w/1203/1164. Aceso em 19 jun. 2020.

SILVA, Joyce Keli do Nascimento. **Mulheres no tráfico de drogas:** um estudo sobre a resposta do sistema de justiça penal à criminalidade feminina, 2013. Dissertação (Pós-graduação em Ciências Sociais). Universidade Federal de Juiz de Fora, Juiz de Fora, 2013.

SOUZA, Kátia Ovídia José. **A pouca visibilidade da mulher brasileira no tráfico de drogas,** 2008. Mestrado em Saúde Pública – Fundação Oswaldo Cruz (FIOCRUZ), Rio de Janeiro, 2008.

STF. **Ministro Lewandowski concede HC para presas com filhos que ainda não foram colocadas em prisão domiciliar,** 2018. Disponível em: http://www.stf.jus.br/portal/cms/verNoticiaDetalhe.asp?idCo nteudo=393814. Acesso em: 19 jun. 2020.

TALON, Evinis, **A mulher no cárcere**, 2018. Disponível em: https://evinistalon.jusbrasil.com.br/artigos/533954373/a-mulher-no-carcere. Acesso em: 19 de jun. 2020.

A ressocialização e inserção no mercado de trabalho de ex-detentos negros

CICERA ITAMIRES DE MELO[1]
LILIAN MIRELI DA SILVA SANTOS[2]

1. Introdução

A socialização está relacionada com a aptidão do ser humano de viver em sociedade. A partir desse entendimento, tem-se que para uma vida organizada e harmônica no meio social, é necessário que haja o cumprimento de normas sociais por parte de cada indivíduo. Caso este venha a desobedecer tais regras, poderá ser processado, julgado e punido pelo Estado, sendo direcionado para um estabelecimento prisional, onde terá a sua pena executada.

Países como os Estados Unidos e a Itália sustentam que a ressocialização é um dever do sistema prisional, isto é, todos os indivíduos que estiverem respondendo a uma pena de reclusão ou de detenção terão também direitos resguardados dentro do cárcere, dentre eles, o de ser reabilitado para a vida em sociedade. Porém, apesar de o direito penal brasileiro ter como função da pena tanto a retribuição pelo mal cometido quanto a própria ressocialização, o objetivo principal é apenas a punição para a prevenção de novos delitos.

Diante desses argumentos, surge o seguinte questionamento: Quais os fatores que dificultam a ressocialização e inserção de ex-detentos negros no mercado de trabalho no Brasil? À priore, é importante destacar que a pena será uma forma de correção para que o agente não volte a delinquir, sendo o reequilíbrio indispensável para que o indivíduo volte para o seio da sociedade. Todavia, o aumento da pobreza no Brasil, a vulnerabilidade social econômica, a deficiência na educação e as questões étnicas, são os fatores primordiais para a exclusão do negro do mercado de trabalho.

---

[1] Graduanda do Curso de Direito da Faculdade de Ciências Humanas do Sertão Central – Fachusc.
[2] Graduanda do Curso de Direito da Faculdade de Ciências Humanas do Sertão Central – Fachusc.

Além de carregarem consigo o estigma de serem ex-presidiários, o que termina prejudicando todas as perspectivas de um futuro melhor, ainda precisam enfrentar os fatores que os impossibilitam de progredirem na vida profissional, como a falta de recursos para investir na educação, e consequente profissionalização; bem como o próprio preconceito. Isto posto, tem-se que eles, passam a ser etiquetados, tornando-se suspeitos em qualquer lugar que entrarem, razão pela qual se faz tão necessária a ressocialização, que visa também a integração da sociedade nesse processo.

Sendo assim, o objetivo geral desse trabalho foi constatar os fatores que dificultam o processo de ressocialização e reintegração dos ex-detentos ao mercado de trabalho, especialmente os negros. Já de forma específica, pretendeu-se: dissertar sobre o direito à ressocialização; apresentar projetos, medidas e leis que incentivam a inserção do ex-presidiário no mercado de trabalho; e, por fim, identificar os aspectos que impossibilitam essa reinserção.

Em vista disso, este trabalho pode colaborar no esclarecimento da sociedade sobre os questionamentos e impasses da ressocialização do negro no Brasil, como também possibilitar ideias que incentivam esse processo de ressocialização integrando à família e à sociedade nesse processo. O presente trabalho visa entender como acontece a ressocialização e como os ex- detentos, principalmente os negros, são tratados dentro do mercado de trabalho, identificando os benefícios ou danos que isso pode trazer para a sociedade.

Ademais, a presente pesquisa pode ser classificada como descritiva, haja vista que visou apresentar a situação de modo a formar um novo conceito ou ideia sobre a ressocialização, para assim apontar os principais empecilhos para o processo de integração do ex-detento negro no mercado de trabalho no Brasil. Por fim, para que fosse possível a realização desse trabalho, adotou-se como procedimento técnico o levantamento bibliográfico, através do uso de fontes secundárias, a exemplo de livros e artigos especializados sobre o assunto; bem como a pesquisa documental, por meio dados disponibilizados em sites de notícias, publicados entre 2006 e 2020.

2. O direito à ressocialização na realidade brasileira

Segundo o dicionário português, "ressocializar" significa "voltar ao convívio social". Nesse aspecto, Capez (2004) fala que a ressocialização é um direito do detento, devendo o Estado possibilitar que esse se efetive, o que significa dizer que não se trata apenas de um direito daquele, mas de um dever por parte do poder público de reintegrá-lo à sociedade.

Todavia, desde os tempos mais remotos, a única finalidade da pena foi apenas preservar a moral com sanções que levavam a morte e repressões que alcançavam o patrimônio. Para Bittencourt (2018), a pena seria uma retribuição de um mal. Diante dessa análise, ainda não se falava em ressocialização, apenas em castigar: punir o mal com o mal.

Dentro desse contexto, Bittencourt (2018) vai dizer, ainda, que, de acordo com Kant e Hegel, a pena era simplesmente de ordem ética, possuindo valor moral, devendo ser aplicada ao autor da conduta quando a lei penal fosse infringida. A principal finalidade da pena, dentro da ordem jurídica, seria, então, reparar o mal cometido e restabelecer a norma que foi violada.

Todavia, salienta-se que as primeiras formas de punição eram efetivadas pelas próprias vítimas, ou seja, era a vingança privada que imperava. Nas palavras de Nucci (2020), essa ideia foi reforçada com a Lei de Talião, em que a parte lesada punia o réu com as próprias mãos. Inclusive, foi durante a queda do Império Romano que a igreja passou a ter forte influência no Direito Penal, determinando castigos aos que eram considerados hereges.

Ainda de acordo com o autor, foi somente na idade moderna, mais precisamente no século XVI com a queda de Constantinopla, tempos de guerras e miséria, que houve a necessidade de dosar a forma como eram aplicadas as penas, levando-se em consideração o respeito aos direitos mínimos do indivíduo. No contexto brasileiro, foi a partir da formulação do Código Penal, no Brasil Imperial, que essas condições foram alteradas.

Dentro de uma visão mais atual, embasada pela Declaração Universal dos Direitos Humanos, instituída em 1948, todos os seres humanos devem ser tratados com dignidade (art. 1º). Nesse sentido, Pena (2008) vai dizer que a dignidade da pessoa humana é um direito de extrema importância, pois mesmo quem a desconhece merece tê-la. O autor deixa claro que o fato de a pessoa ser humana é o principal motivo para que ela possa ter dignidade.

Na atualidade, a Lei n.7.210/1984, mais conhecida como Lei de Execução Penal, que vai dispor sobre a forma que a pena deverá ser executada no Brasil, o Estado deve não só punir o indivíduo que praticou o delito, como também promover a sua ressocialização, isto é, sua reinserção na sociedade. Portanto, a pena vai se basear em três pilares, quando se fala em ressocialização: educação, capacitação profissional e o trabalho.

. Nas palavras de Mirabete (2002), a principal função do ordenamento jurídico é afastar o detento da sociedade com a intenção de ressocializa-lo, como também possibilitar que este resgate sua autoestima através do trabalho manual ou até mesmo intelectual, garantindo a dignidade da pessoa humana no meio familiar e também no meio social em que esse está inserido.

Para Bittencourt (2018), a pena em si não pode reintegrar ninguém, tem única finalidade restaurar a ordem jurídica. Diante dessa análise, faz-se necessário o apoio da sociedade como um todo, principalmente no que diz respeito à família, com a respectiva finalidade de reestruturar o condenado como também de prevenir que este volte a praticar condutas delituosas.

Segundo relatos de ex-presidários entrevistados pela TV Brasil (2012), estes, após saírem das prisões, apesar de poderem ser considerados cidadãos novamente, passam a ter perfis menos atraentes para o mercado de trabalho. Essa situação se agrava mais ainda quando o indivíduo é negro e pobre, pois através do processo de etiquetamento social passa a ser visto como suspeito em qualquer lugar que entrar, enfrentando discriminação.

Ainda de acordo com os entrevistados, quando não existe ressocialização a reincidência é a principal consequência. Os relatos revelam que essa reincidência, na maioria das vezes, torna-se um círculo vicioso, em que a ausência de trabalho lícito é fator contributivo. Além desse, cita-se, ainda, a pouca condição econômica, a baixa escolaridade e a ausência de qualificação profissional (TV BRASIL, 2012).

O que ocorre é que no mundo do crime não há necessidade de entrevistas, nem tão pouco de currículo, a única coisa exigida é a disposição do indivíduo em cometer ilícitos. Diante dessa análise, a ressocialização é dispensável. Trazendo para a lógica dos dias atuais, o direito penal deixou de punir passando agora a ressocializar, sendo notável que ressocializar é também trazer reequilíbrio para a sociedade.

No que tange ao exposto, quando isso não acontece, um abismo leva a outro abismo, surgindo à chamada reincidência. Para Nery e Junior:

> Presos e direitos humanos. Tanto quanto possível, incumbe ao
> Estado adotar medidas preparatórias ao retorno do condenado ao

convívio social. Os valores humanos fulminam os enfoques segregacionistas. A ordem jurídica em vigor consagra o direito de o preso ser transferido para local em que possua raízes, visando a indispensável assistência pelos familiares (NERY; JÚNIOR, 2006, p. 164).

Sob a análise desses autores, tem-se que o preso tem que ser tratado para sair da cadeia e a sociedade precisa ser tratada para recebê-lo. Sociedade, Estado e Poder Público devem trabalhar em conjunto, pois a inexistência de ressocialização afeta a dignidade dos presos, impossibilitando-os de ter uma nova chance de recomeçar e sentir-se digno. Essa atitude da sociedade deve ser coibida, devendo fazer valer a igualdade social como também o princípio da humanidade.

Portanto, o principal objetivo da reinserção social é humanizar o detento, sendo função de o Estado adotar medidas que preparem esse ao retorno para o seio da sociedade. A finalidade da prisão não é apenas punir, mas possibilitar condições para que se efetive essa reintegração, pois só através da ressocialização poderá ser reduzido o índice de reincidência criminal no Brasil. Seja através de medidas socioeducativas ou de conscientização da sociedade.

3. Inserção do ex-presídiario no mercado de trabalho brasileiro

O trabalho é uma atividade essencial na vida de qualquer ser humano, principalmente nos dias atuais, em que o sistema capitalista predomina, cada vez mais erguendo as bases do consumismo e da globalização no mundo. Como preconiza a Constituição Federal de 1988, em seu art. 1º, inciso IV, acerca dos princípios fundamentais da República Federativa do Brasil, que é um Estado Democrático de Direito, este está fundamentado nos "valores sociais do trabalho e da livre iniciativa:".

Ou seja, o trabalho é um dos valores fundamentais assegurados pela Constituição Federal. Além disso, a Declaração Universal dos Direitos Humanos, sendo citada como símbolo da liberdade, da justiça, e da paz no mundo, diz em seu art. 23.1, que: "Toda a pessoa tem direito ao trabalho, à livre escolha do trabalho, a condições equitativas e satisfatórias de trabalho e à proteção contra o desemprego".

Conduzindo esses conceitos para a vida pratica, tem-se que todo e qualquer cidadão comum espera ter no mínimo um trabalho digno para o seu sustento, não sendo diferente com os ex-presidiários.

Como já dito anteriormente, acredita-se que a pena tem como caráter reeducar o preso e trazer um equilíbrio para a sociedade, mas nesta mesma sociedade encontra-se, ainda, dificuldades em fornecer uma nova chance a esses egressos, para voltar à comunidade, causando automaticamente a quebra desse equilíbrio.

E um dos principais fatores que mostra essa dificuldade é a falta de oportunidades no mercado de trabalho, para essa parcela da população, os egressos, que em sua maioria são negros e de baixa renda. É o que vai dizer o professor José Pastores (2020), em entrevista à câmara legislativa: "todo ano são liberados entre 5 mil e 30 mil detentos no país, e dar emprego a essas pessoas que recuperam o direito à liberdade, reduz o número de crimes e de reincidência".

Visto isso, o Conselho Nacional de Justiça – CNJ criou em 2008, um projeto intitulado por "Começar de Novo", este viabiliza o engajamento de órgãos públicos e da sociedade civil para o fornecimento de trabalhos e cursos de capacitação profissional para presos e ex-detentos (CNJ, 2020) Este projeto no mesmo ano proporcionou 42 convênios com instituições de educação e tribunais, entre eles o trabalho em obras de infraestrutura do evento brasileiro da copa do mundo FIFA 2014 (G1, 2010).

Na Lei de Execução Penal (Lei nº 7.210/1948), expressa em seu artigo 28, § 2º, que "o trabalho do preso não está sujeito ao regime da Consolidação das Leis do Trabalho (CLT)". Assim, para a pessoa que contrata, seja um órgão público ou privado, além de realizar uma ação que traz benefícios para o país, também permite para sua empresa um altruísmo econômico, pelo fato de ser uma contratação mais barata, que a de um funcionário comum.

Verlúcia Cavalcante, Diretora-Executiva da FUNAP/DF, diz que a contratação do preso chega a custar três vezes menos que a contratação de funcionários regidos pela CLT (JUSBRASIL, 2014). Porém, esse amparo somente acomete o preso, assim a partir do momento que o preso cumpre sua pena, deixa também seu emprego, adentrando em um âmbito de total incerteza, sendo essa uma realidade enfrentada por todos.

Como mostra o depoimento de uma detenta, no regime aberto, do Sistema Prisional de Pernambuco: "[...] acredito que vou ficar aqui até terminar a pena. Depois não sei o que vou fazer. Espero que o trabalho aqui conte como experiência para outras empresas" (G1, 2010). Por isso, muitos dos presidiários terminam a pena e não querem sair da prisão, apavorados pela insegurança é o que diz Zuleide Lima de Oliveira, coordenadora da Chefia de Apoio a Egressos e Liberados (Cael) da Secretaria Executiva de Justiça e Direitos Humanos.

Outro exemplo real desse acontecimento é o caso do ex-presidiário negro Ezequiel, que completou o Ensino Médio e estudou mecânica de motores a diesel quando cumpria pena no regime semiaberto, na Penitenciária Tupi Paulista, localizada no Estado de São Paulo. Hoje, fora da prisão, diz ele já ter ido a 40 entrevistas de emprego, antes de perder a conta, "muita gente acha que se contratar vai pôr um bandido dentro da empresa, essas coisas, né?" (UOL, 2020).

O Brasil possui uma imensa população carcerária, e considerando as palavras do especialista e admirável penalista, Rogério Greco, ao comentar uma entrevista realizada pela TV Gazeta (2017), disse que o sistema prisional atual não ressocializa preso. Tendo consciência disso, a assistente social Karine Vieira criou "um projeto intitulado como Responsa", que auxilia esses ex-presos na reinserção ao mercado de trabalho.

Karina afirma que "quando você dá chance para uma pessoa que quer transformar a sua vida ela abraça" (R7 ECONOMIA, 2018). Diz ela por experiência própria, tendo em vista também ser egressa. E ainda comenta que por causa dos filhos, resolveu voltar a estudar, prestou Enem e ganhou uma bolsa para estudar serviços Sociais. Na sua trajetória profissional Karina conheceu membros do instituto ação pela paz.

Logo após esta mesma instituição á patrocinou neste projeto, tirando do papel para a prática. Hoje o "Responsa", conta com uma faixa de 10 parceiros, que de fato realizam a reintegração desses egressos ao mercado, além de disponibilizar capacitações e orientações profissionais. São por medidas assim que o ministério da justiça juntamente com o ministério da economia deveria patrocinar ou de alguma forma incentivarem esses programas (R7 ECONOMIA, 2018).

4. Aspectos que impossibilitam a reinserção de ex-detentos negros no mercado de trabalho

A maior parte da população carcerária, como é de conhecimento de todos, caracteriza-se como analfabetos, ou se já desempenhou algum estudo, não chegou nem a concluir o ensino médio. E menos ainda, possuem alguma qualificação como cursos profissionalizantes de eletricidade, soldagem ou qualquer outro que garanta um desempenho profissional. Além disso, muitos não tiveram uma profissão fixa antes de cumprirem a pena.

Considerando todos esses fatos e levando em conta o tempo em que esses ex-detentos passaram inertes na cadeia, avalia-se uma conversão desses em pessoas totalmente desqualificadas para qualquer atividade profissional. Contudo, a falta de qualificação profissional se torna um dos principais fatores que impossibilitam a inserção desses egressos ao mercado de trabalho (MAIA, 2003)

Outro fator de impossibilidade, enfrentado pelos ex-detentos é o desemprego. Visto que, o Brasil ocupa a nona posição dos países mais desiguais do planeta, contendo a taxa de desemprego em 12,5% no trimestre de fevereiro a abril de 2018, segundo dados do IBGE (2018), e o número de pessoas desocupadas chegou a 13,2 milhões, uma alta de 4,4% em relação ao trimestre anterior (PNAD CONTÍNUA, 2019).

Desse modo, tem-se, ainda, que o número de pessoas desalentadas, aquelas que desistiram de procurar emprego, chegou a 4,9 milhões, um aumentou de 4,3% em 2019 (EL PAÍS, 2019). Isto, em toda população brasileira, sem levar em consideração apenas os egressos que de certa forma fazem parte desses números intimidantes, que preocupam e provocam insegurança em toda a sociedade brasileira.

Essa desigualdade social vivida por detentos, anteriormente ao crime, e após este, acaba causando um preconceito, que no caso de uma pessoa que é egressa e negra ocorre em dose dupla. Isto é, além de sofrer o racismo estrutural, que fundamenta a exclusão destes dos mais diversos âmbitos da sociedade, sofre também o preconceito por ser ex-presidiário. Sendo este o caso de Ezequiel, já citado anteriormente.

E para demonstração dessa exclusão dos negros, tanto no mercado de trabalho como em outras situações, tem-se como modelo os dados mostrados pelo jornal El País, no dia da consciência negra:

> [...] a população preta ou parda de 18 a 24 anos que estudava, cursando ensino superior aumentou de 50,5%, em 2016, para 55,6% em 2018. Apesar do avanço, o percentual ficou bem abaixo do alcançado pelos brancos na mesma faixa etária, que é de 78,8% (EL PAÍS, 2019, s.p.).

Além desses fatores, os ex-presidiários, ao saírem do sistema prisional brasileiro, dão de cara com mais um problema, o preconceito social por ser ex-presidiário e a falta de confiança. Como conta F.C., um entrevistado do G1 (2010), em que pede para não ser identificado. Nesta entrevista, ele conta que as pessoas não acreditam quando eles falam que estão dispostos a se recuperarem, os empregadores acham que eles pesam em roubar novamente.

Por isso, eles decidem não contar sobre o passado ao chefe, e preferem ocultar a verdade. F.C. tem 44 anos é de São Paulo e ainda não completou o ensino fundamental, ficou detido por 1 ano e 8 meses por roubo de carga. Ele ainda conta que é muito difícil recomeçar por conta da discriminação, mas o emprego e o apoio de familiares e pessoas próximas são essenciais para que não volte a cometer crimes.

Contudo, este caso se torna um exemplo explícito de que o trabalho é indispensável para a diminuição do índice de reincidência criminal, tendo em vista que, no Brasil, este gira em torno de 60% a 70%, segundo o Conselho Nacional de Política Criminal e Penitenciária (G1, 2010). Além do elevado preconceito racial que conta como ícone a mais neste aspecto de impossibilidade que é o preconceito aos egressos.

Conclui-se, então, que existe um círculo vicioso, em que os ex-detentos são vítimas da sociedade, isolados e tornam-se vítimas novamente. Como expressa Veneral:

> Quando se fala em discriminação dos presos verifica-se que esta sempre esteve e continua infiltrada, enraizada nas mentes humanas e nas instituições sociais e políticas, ocasionando a separação que afasta e nega o outro pelo fato de ser diferente e excluindo-o, mais ainda, por estar privado da liberdade. Esta exclusão é justificada pela maneira que o ser humano tem de negar e eliminar o que é diferente, o que é desigual, mesmo na medida de suas desigualdades (VENERAL, 2012, p. 1).

O maior problema acometido por esses ex-detentos é que o verdadeiro valor da pena não está sendo executado, pois ao invés de haver uma reeducação do sentenciado, com a atuação do Estado oferecendo propostas de trabalho e estudo durante a pena, há apenas a privação da liberdade, sendo ignorados os direitos básicos que promovem dignidade para qualquer pessoa humana.

O que na verdade se espera dos governantes é uma maior preocupação com a aplicação de políticas públicas de prevenção ao crime, como investimentos na educação básica, em moradias e na economia, visando a geração de emprego e melhorias na sociedade, com o objetivo de formar bons cidadãos, para que no futuro não venham a ser infratores.

Assim, a reinserção social desses egressos deveria ser uma das ações terminantes do Estado, atuando com uma mínima parcela da população. Sendo, a presença do Estado necessária apenas no interior das penitenciarias e quando os detentos saíssem deveriam ser devolvidos à sociedade com uma assistência social, mínima (JUSTILEX, 2006).

Outrossim, só poderá haver uma melhora nos índices de inserção de egressos ao mercado de trabalho e diminuição da desigualdade social (desigualdade entre cor e raça), se houver mobilização social e políticas públicas direcionada, como por exemplo, a Lei Federal de Cotas sancionada em 2016, que definiu igualdade nas universidades e institutos federais no Brasil.

É com o El País:

> A intervenção de políticas públicas é um fator essencial para a redução dessa desigualdade. Onde há avanços percebidos, apesar da distância que ainda reside, são espaços em que houve intervenção de políticas públicas e também organização do movimento social para a conquista de uma sociedade mais igualitária (EL PAÍS, 2019, s.p).

Contudo, o que teoricamente deve ser feito é educar a sociedade para não cometimento de infrações penais, porém se houver essa prática ilícita, deverá o Estado reeduca-lo de forma correta, e logo educar a sociedade para receber esse cidadão. Pois esses aspectos precisam de uma reparação para um melhor funcionamento do sistema penitenciário brasileiro e para a própria sociedade.

5. Considerações Finais

A referente obra identifica quais os fatores que impossibilitam a ressocialização e inserção dos ex presidiários no Brasil, principalmente os negros, entender como acontece esse processo de reintegração social. Constatou-se durante a investigação da problemática que não se pode pensar em execução penal, sem pensar no dia seguinte do ex-detento, não dar para responder crime sem pensar em políticas públicas que levem alternativas para os mesmos, para que depois de cumprida a pena possam ser reinseridos no meio social.

Como foi mencionado anteriormente é mais que necessário que

o processo de ressocialização se efetive, muitos ex-detentos sentem o desejo de mudar de vida, no entanto o próprio sistema não permite que essa ressocialização aconteça, eles pedem apenas uma oportunidade e quando isso não acontece ,estando a mente vazia leva a depressão consequentemente são conduzidos a pensamentos de praticar condutas ilícitas, o que antes era apenas um preconceito da sociedade agora passa a ser prejuízo para o próprio Estado.

No que diz respeito aos objetivos do seguinte trabalho constata-se os fatores que dificultam o a ressocialização e reintegração do ex-detentos ao mercado de trabalho, especialmente no que diz respeito aos negros .De forma específica objetivamos levar conhecimentos dissertando sobre o direito a ressocialização, apresentando projetos e medidas e leis que incentivem essa reinserção e por fim identificar os aspectos que impossibilitam essa reinserção, diante desses desígnios todos foram alcançados durante elaboração.

As hipóteses encontradas, durante a elaboração desse trabalho, todas puderam ser comprovadas, no entanto, pode-se constatar que o fator primordial da não inclusão de ex-detentos negros no mercado de trabalho é o que se pode denominar de preconceito, ou seja, a cor da pele é uma grande problemática para que a essa reinserção aconteça. A cor preta é uma condição que a realidade humana tem deixado transparecer desde o momento do nascimento.

Em vista de uma das hipóteses mais importantes, a cor da pele quanto mais escura for mais suspeita e também mais criminoso irá parecer aos olhos de quem ver, e em se tratando dos egressos a situação só complica, pois estes passam a carregar o selo da estigmatização, o preconceito enfrentado passa a ser uma segunda prisão, ou mesmo a sua mais nova identidade, através do etiquetamento. É notável observar que todas as vezes que a porta do presídio se abre, as portas do preconceito acontece mesmo, levando-os assim a serem discriminados do mercado de trabalho.

Vencendo o preconceito dentro da sociedade, irá poder afastar o ex-presidiário negro da inércia ocupacional, como também possibilitar o resgate da autoestima seja através de um trabalho manual ou intelectual, fazendo garantir a aplicabilidade da dignidade da pessoa humana seja no meio familiar ou no meio social, superando a vulnerabilidade social como a progressão profissional, fazendo com após saírem das prisões possam ser considerados novamente cidadãos de bem.

Esse trabalho pôde colaborar no esclarecimento da sociedade

sobre questionamentos e impasses da ressocialização, conduzindo a sociedade a uma nova perspectiva de reflexão, pois o preso tem que ser tratado para sair da cadeia e a sociedade tem que ser tratada para receber o ex-detento. Em vista dessa afirmação quanto maior for a dificuldade de reinseri-lo no mercado de trabalho maior torna-se a probabilidade do mesmo se tornar um reincidente.

Na maioria das vezes quando não conseguem fixar-se dentro do mercado de trabalho, infelizmente, voltam a delinquir. Não existindo lógica alguma da sociedade penalizar, castigar e haver a reincidência por falta de oportunidade, tornando um ciclo vicioso, o que na realidade o ex-detento só abandonará o mundo do crime quando encontrar uma nova solução. Não há como restaurar a ordem jurídica sem a implementação da ressocialização.

Diante dessa problemática a sociedade, Estado e o poder Público devem andar de mãos dadas para que esse direito se concretize, ressocializar não é apenas um direito, mas sim um dever de todos. Inexistir ressocialização é também afetar o princípio da dignidade da pessoa humana. É necessário desenvolver políticas públicas igualitárias, para que o negro possa ser sujeito de direitos, não existe escolha ressocializar é mais que necessário, é também reequilibrar a sociedade.

No que tange a estudos de futuras gerações deixo os seguintes questionamentos: Como tentaremos resolver a não inclusão de ex-presidiários no Brasil, se a própria sociedade é preconceituosa? Como iremos superar o preconceito, o racismo dentro da sociedade, se nós mesmos não assumimos a pessoa racista que existe dentro de nós?

Referências

BITENCOURT, Cezar. **Análise criminal da reincidência e o falacioso objetivo ressocializador**, 2019. Disponível em: https://www.conjur.com.br/2019-jun-13/bitencourt-reincidencia-falacioso-objetivo-ressocializador. Acesso em: 13 de abr de 2020.

BITENCOURT, Cezar Roberto. **Tratado de Direito Penal (parte geral)**. Edição 24ª. São Paulo: Saraiva 2018.

BRASIL. **Constituição da República Federativa do Brasil de 1988**. Disponível em: http://www.planalto.gov.br/ccivil_03/constituicao/constituica

o.htm. Acesso em: 09 jun. 2020.

BRASIL. **Lei n. 7.210/1984.** Institui Lei de Execução Penal. Disponível em: http://www.planalto.gov.br/ccivil_03/leis/l7210.htm. Acesso em: 20 mar. 2020.

BRASIL. **Lei nº 19.841/1945. Institui a Carta das Nações Unidas, da qual faz parte integrante o anexo Estatuto da Corte Internacional de Justiça, assinada em São Francisco, a 26 de junho de 1945, por ocasião da Conferência de Organização Internacional das Nações Unidas. Disponível em:** http://www.planalto.gov.br/ccivil_03/decreto/1930-1949/d19841.htm. **Acesso em: 20 mar. 2020.**

CAEL. **Anexo único do Edital nº 08 /2010** – Contratação de Entidade, pág.5/25. Disponível em: http://www.portais.pe.gov.br/c/document_library/get_file?uuid=870c0cdb-eb91-4298-83cd-a94d10d1a759&groupId=17459. Acesso em: 09 jun. 2020.

CAPEZ, Fernando. **Curso de Direito Penal, parte geral 1**, Edição 18ª. São Paulo: Saraiva, 2004.

CNJ. **Começar de novo**, 2008. Disponível em: https://www.cnj.jus.br/campanha/comecar-de-novo-artigo-campanha/ . Acesso em: 04 mai 2020.

DICIONÁRIO online de português. Disponível em: http://www.dicio.com.br/ressocializar/dicionário. Acesso em: 20 mar 2020.

EL PAÍS, Brasil. **Negros são maioria nas universidades públicas do Brasil pela primeira vez**, 2019. Organização: MENDONÇA, Heloísa. Disponível em: https://brasil.elpais.com/brasil/2019/11/13/politica/1573643039_261472.html. Acesso em: 26 mai. 2020.

EL PAÍS, Economia. **Desemprego no Brasil chega a 12,5% e atinge 13,2 milhões de trabalhadores, diz IBGE**, 2019. Disponível em: https://brasil.elpais.com/brasil/2019/05/31/economia/1559312475_679888.html. Acesso em: 26 mai. 2020.

G1, Economia. **A pesar de leis, ex-presos enfrentam resistência**

no mercado de trabalho, 2010. Organização: GASPARIM, Gabriela. Disponível em: < http://g1.globo.com/concursos-e-emprego/noticia/2010/12/apesar-de-leis-ex-presos-enfrentam-resistencia-no-mercado-de-trabalho.html>. Acesso em: 03 mai. 2020.

IBGE. **Painel de Indicadores (**taxa de Desemprego). Disponível em: https://www.ibge.gov.br/indicadores. Acesso em: 08 mai. 2020.

JUSBRASIL. **Ex detentos têm dificuldade de encontrar emprego**, 2009. Organização: PARANÁ, MP. do Estado do. Disponível em: https://mp-pr.jusbrasil.com.br/noticias/999372/ex-detentos-tem-dificuldade-de-encontrar-emprego. Acesso em: 08 mai. 2020.

JUSBRASIL. Organização: SILVEIRA, Luiz. **Inserção de presos no mercado de trabalho beneficia empresas e sociedade**, 2014. Disponível em: https://cnj.jusbrasil.com.br/noticias/118196954/insercao-de-presos-no-mercado-de-trabalho-beneficia-empresas-e-sociedade. Acesso em: 03 mai. 2020.

JUSTILEX. **Portal JusBrasil**, 2006. Disponível em: https://justilex.jusbrasil.com.br/noticias/11908/politicas-publicas-no-sistema-carcerario. Acesso em: 12 mar. 2020.

LEGISLATIVA, Radia Câmara. **A Integração dos ex presidiários ao mercado de trabalho,** 2020. Disponível em: https://www.camara.leg.br/radio/programas/360675-a-integracao-dos-ex-presidiarios-ao-mercado-de-trabalho-bloco-20830/. Acesso em: 03 de mai de 2020.

LEMES, Thiago M. de Almeida. **A falaciosa ressocialização de presos no Brasil**, *2016*. Disponível em: https://jus.com.br/artigos/55895/a-falaciosa-ressocializacao-de-presos-no-brasil Acesso em: 11 mar. 2020.

MAIA. **A inserção do egresso prisional no mercado de trabalho cearense**, Organização: ROCHA, V. F. Távora. p.2/23. Disponível em: https://periodicos.uff.br/pca/article/viewFile/11152/7947 . Acesso em: 26 de mai de 2020.

MELO, André Luis. **Ressocialização é ato de vontade do cidadão,** 2013. Disponível em: https://www.conjur.com.br/2013-jan-01/andre-luis-melo-ressocializacao-ato-vontade-cidadao. Acesso em: 16 de mai de 2020.

MIRABETE, Júlio Fabrini. **Execução Penal**. Edição 10ª.São Paulo: Atlas, 2002.

NETO, Manoel V. Figueiredo *et al.* **A ressocialização do preso na realidade brasileira: perspectivas para as políticas públicas.** Disponível em: https://ambitojuridico.com.br/cadernos/direito-penal/a-ressocializacao-do-preso-na-realidade-brasileira-perspectivas-para-as-politicas-publicas/. Acesso em: 07 mai. 2020.

NETO, Manoel Valente Figueiredo *et al.* **Análise do preso na realidade brasileira;** perspectivas para as políticas públicas, 2009. Disponível em: https://ambitojuridico.com.br/cadernos/direito-penal/a-ressocializacao-do-preso-na-realidade-brasileira-perspectivas-para-as-politicas-publicas/. Acesso em: 20 mar. 2020.

NERY JUNIOR, Nelson; ANDRADE, Rosa Maria Barreto Borriello de. **Constituição federal comentada e legislação constitucional.** 4. ed. São Paulo: Revista dos Tribunais, 2013

NUCCI, Guilherme de Sousa. **Manual de Direito Penal**. Edição 16ª. Rio de Janeiro: Forensse, 2020.

PENA, Junior Moacir César. **Direito das pessoas e das famílias:** Doutrina e Jurisprudência. Edição 1ª. São Paulo, 2008.

R7 ECONOMIA. **Projeto ajuda ex-preso a voltarem para mercado de trabalho**. Organização: SARINGER, Giuliana, 2018. Disponível em: https://noticias.r7.com/economia/projeto-ajuda-ex-presos-a-voltarem-para-mercado-de-trabalho-17122018 . Acesso em: 03 mai. 2020.

SANTOS, Guilherme dos. **Ressocialização do preso frente ao sistema Penitenciário Brasileiro**. Monografia final do curso de graduação em Direito da universidade Regional do Noroeste do Estado do rio Grande do Sul – UNIJUI, Ijuí ,2015.

SENADO, notícias. **Desconfiança e preconceito da sociedade dificultam a ressocialização de preso.** 2017. Disponível em :https://www12.senado.leg.br/noticias/especiais/especial-cidadania/desconfianca-e-preconceito-da-sociedade-dificultam-ressocializacao-de-presos. Acesso em: 20 mar. 2020.

SILVA, José Ribamar da. **Ressocializar para não reincidir.** 2003. 60f. Monografia para a obtenção do título de especialização- Universidade Federal do Paraná, Curitiba, 2003.

TV BRASIL. **Caminhos da Reportagem, ex-presidiários em busca de trabalho,** 2012. Disponível em: Tv Brasil.ebc.com.br. Acesso em: 18 mar. 2020.

TV GAZETA. **Dr. Rogerio Greco fala sobre ressocialização de presos,** 2017. Disponível em: https://www.youtube.com/watch?v=M4m5HOYkiEo. Acesso em: 04 mai. 2020.

UOL TAB. **Vida de ex-detento,** *2020.* Disponível em: https://tab.uol.com.br/ex-detentos/. Acesso em: 18 mai. 2020.

VENERAL. **Inclusão Social de Ex- Detentos no Mercado de Trabalho:** Reflexão acerca do Projeto Esperança Viva, 2012. Organização: BRANDÃO, J. M. Fagundes; FARIA, A. C. de Andrade. Disponível em: http://www.anpad.org.br/admin/pdf/EnGPR212.pdf. Acesso em: 11 mai. 2020.